大展好書　好書大展
品嘗好書　冠群可期

大展好書　好書大展
品嘗好書　冠群可期

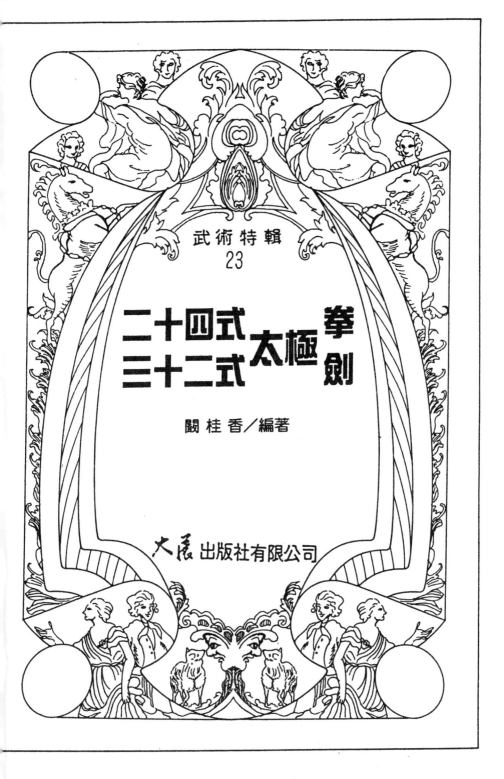

武術特輯
23

二十四式三十二式太極拳劍

闞桂香／編著

大展出版社有限公司

前　言

　　24式太極拳及32式太極劍套路，是50年代國家體委為了適應廣大群眾體育活動的需要，組織專家編寫，人民體育出版社出版的簡便易行的太極拳、劍普及套路。

　　開展至今，深受廣大人民群眾喜愛，對全民健身運動具有積極推動作用。在北京市體育總會協會工作部副部長李沛雲先生推薦下，我應邀在中央人民廣播電台「健身廣角」節目中播講24式太極拳和32式太極劍。

　　講稿是在原書的基礎上，又根據本人多年來國內外教學經驗體會，把原動作中變化過程較多的部分分為小節，又加口令提示，在每段後又寫了分段提示，對該段動作主要結構加以

分析說明：主要難度動作怎樣演練，注意哪些問題，平時要注意加強身體某些素質練習等，也作了較為詳細說明，以提高鍛鍊效果。

通過廣播教學，很多同好由於堅持每天聽、跟著練，全套動作基本掌握，身體健康狀況明顯改善。我們感謝中央人民廣播台「健身廣角」全體同仁的辛勤工作！祝這個節目越辦越好，祝聽眾朋友們，生活愉快，健康長壽！！

24式太極拳及32式太極劍播出後，許多同好紛紛來信要求看到教材，以便經常對照練習，在大家熱情支持下，我將播講內容調整匯編成教材，供廣大聽眾朋友們參考，在整理匯編過程中，得到門惠豐教授、鄭佳林先生、門敢紅教練協助，一併感謝！

闞桂香

目　　錄

第一章　概　述

一、太極拳的生理保健作用

武術愛好者朋友們，我和各位談談練太極拳對人體保健作用的問題。

近幾年來，中國武術中的太極拳運動在國際上開展得紅紅火火，形成了太極拳熱，這是因為經常練習太極拳，對改善人體各器官系統的功能均有良好的作用。太極拳因具有健身和防治疾病的良好功效，成為醫療保健體育項目之一。

太極拳為什麼能對人體起到防治疾病和抗衰老的作用呢？首先，從太極拳的運動特點來分析。

太極拳運動特點是：緩慢、柔和、連貫、均勻、圓和、自然、協調、完整、剛柔相濟。要符合這項運動的特點和要求，人體就要做到心靜體鬆，再配合有節奏的呼吸運動，特別是有規律的呼吸運動能更好地促使胸腔橫膈運動，它能加強血液及淋巴液的循環，減少人體內的淤血現象，用武術中的行話來說，就叫做氣沈丹田，實際上是一種腹式呼吸法。

這種呼吸法由於橫膈與腹肌的收縮與舒張，使腹壓改變，當腹壓增高的時候，腹腔的壓力迫使靜脈受到壓力的作用，把血液輸入到右心房。同時，膈肌的運動又

可以給肝臟以有規律的按摩，也是消除肝臟淤血、改善肝臟功能的一種良方；再者，從事太極拳練習時，要求心靜，注意力集中，也就是中樞神經系統，特別是大腦要排除雜念（這個雜念是我們生活中所想的很多問題和事情在大腦的反映），專心來進行練習，把注意力集中在運動中，這樣，大腦中的病變也能受到抑制，起到了平息及調養的效能。

此外，從事太極拳鍛鍊能夠抗衰老。衰老是一種生理、心理、病理因素綜合作用的結果，而疾病是催人衰老的主要因素，疾病越多，衰老越快。

太極拳的功效在於大大延緩衰老的進程，再加上練太極拳的疏通經絡、調養心理、加強記憶等功能，更能有效地推遲衰老。因為一套太極拳是由幾十個動作組合而成，我國的「簡化太極拳」有 24 個動作，很多勢子，這樣要記住每個勢子，一個動作連一個動作，這對人體神經系統的鍛鍊，也就是對大腦中的記憶功能的鍛鍊效果非常好。

經常進行記憶鍛鍊，頭腦就靈敏，大腦對事物的反應就快、不遲鈍，人體大腦健康、敏捷，就能很快解決問題，達到辦事快、效率高的目的，大腦健康與否，對老年人很重要，如果大腦已糊塗，人體就無法進行有序的工作和生活；反之，大腦很健康，肢體如有些殘缺，照樣可以生活。因此，對大腦的鍛鍊是延年益壽抗衰老的重要問題。

近幾年來，大家對臟腑器官的鍛鍊比較重視，因為這些器官對疾病變化比較敏感，但對腦功能的鍛鍊認識不足，經常聽到有人說，練太極拳難，動作不好記等，

這就反映了一些人不想多動腦，又想長壽的心理狀態；這種想法是不對的，不費氣力，不動腦子就能學到太極拳功法，就能長壽那是不可能的。因此，想把身體鍛鍊好，能長壽，一定要經常地從事太極拳鍛鍊，來提高記憶功能和大腦的敏感性。

防病是太極拳最基本的功效，經常從事太極拳鍛鍊，人體各器官功能就能增強，從而達到預防和治療疾病的目的。

在我的教學過程中，有許多人反映這個問題。其中有一位汽車司機先生，因為經常開車，總是坐著，兩腳頻繁地單調活動，這樣時間長、疲勞、受風，得了關節炎，上下樓都感到疼痛，醫生主要給他封閉治療，效果不持久，後來跟我練太極拳，經過一段時間後，他告訴我說：「老師，我的腿不疼了。」我問他是什麼原因，他說：「我經常跟您一起練，天天在家裡也練，這樣，我的腿就好了，不疼了。」他鍛鍊的積極性更高了，不論是暑天，還是冬天，從不間斷，因為他得到了益處。

還有一位患有膽結石，開始疼痛難忍，後來跟我學習陳式太極拳，因為陳式太極拳有些震動和小跳的動作，當時我還擔心他學不了，但是他的決心很大，我們就抱著試試看的心情進行練習，終於有一天，他告訴我說：「老師，我的膽結石下來啦！不疼了。」當時我們都很高興。這也說明練太極拳，能起到有些藥物所不能達到的功效，使很多人得到了益處。

安徽省固鎮縣胡啟賢先生，全身患十幾種病，住院久醫無效，在家長臥，不得進食。在生命垂危之際，安徽開展了群眾性「48 式太極拳」活動，他照書臥練、坐

練、站練、走動練；分動練，整套練，終於戰勝了病魔，死而復生。現已七旬，體魄健壯，成一名太極拳優秀輔導員，後來在中央電視台《夕陽紅》節目上教授太極拳。他說：「太極拳是我的生命，我一人得福，要使眾人受益。」

二、練太極拳應注意的幾個問題

要學好、練好太極拳，根據多年的教學經驗，需要做到以下幾點：

第一，要做關節活動。先做肩、肘、腕繞環活動，再做轉腰活胯、揉膝、旋踝；弓步壓腿、仆步壓腿等。把身體各關節活動開，也把肌肉韌帶舒鬆開了，才有能力完成正確動作姿勢。如果不做好準備活動容易造成傷害事故。

第二，練拳後，要做好放鬆活動，這一點也很重要。因為練拳後，肌肉、關節韌帶等都處於較緊張的狀態，特別是腿部肌肉、膝關節和踝關節的負擔量很大，如果不放鬆，乳酸積累不能及時消除，就會使疲勞不得恢復，影響健康。

第三，要從功法開始練習。目前群眾性的太極拳活動絕大多數不注意功法的練習，往往一開始就練套路，一套接一套的練下去，終究不對號；老是漫不經心地划套，練習效果是不會好的。過去我們的武術老前輩經常談到：「練拳不練功，終究一場空。」這句諺語就總結了前輩們在鍛鍊過程中的經驗和體會，就是說在練拳之前必須要練基本功法，只有功法練好了，才能提高技藝

，才能達到強身壯體的目的。

　　一般我們在練太極拳之前要先做樁功，也就是馬步樁，要兩腳平行開立，兩臂緩緩前舉，然後兩膝屈蹲，兩手環抱於胸前，兩手指尖相距約 10 公分，成環抱狀態。然後注意調整呼吸，上體舒鬆正直，收臀，氣沈丹田，做腹式呼吸。腹式呼吸的要求是深、長、細、勻、緩。這樣開始時可以站 3 分鐘，如果體質不好，從 1 分鐘開始也行，逐漸加至 5 分鐘就可以了。通過這個站樁練習，可以達到三個目的：第一，是正體；我們練太極拳需要上體舒鬆正直，保持這樣的身體姿態，才能夠疏通氣血。

　　再者，就是調整呼吸，這是為了適應練拳的需要，因為正常的呼吸都比較短促，為胸式呼吸，這樣的呼吸對於進行緩慢、柔和的運動來說是不適宜的，腹式呼吸也是了適應運動特點的要求，同時吸取更多的氧氣到體內，排出二氧化碳能達到防病、治病、健身的目的。

　　第四，增加腿部力量。隨著年齡的增長，腿部肌肉力量出現退行性變化，力量逐漸減小，「人老腿先老」，因腳遠離心臟，心血管功能如果減弱，就很難把血液輸送到腳，所以先從腿腳上老化。老化的表現就是行動遲緩不靈便，容易跌跤，腿部骨折。因此，我們在練太極拳時，很重視腿部力量的鍛鍊，所以，一開始就進行站樁練習，來增強腿部的力量，這一方面是為了健身，另一方面也是練習太極拳的要求，因為練太極拳主要就是靠腿的進退來完成動作，對腿部力量要求比較高，所以在練習太極拳以前必須要進行這種功法練習，才能夠達到健身、提高技藝的目的。

　　第五，要一招一勢地進行學習。太極拳由很多動作和勢子組成，每招每勢都要記清楚，才能一勢連一勢，滔滔不絕地練下來。目前，有許多人為了求快，不是一招一勢地學習，一到輔導站或公園裡面，就跟著大家一起練。這樣練下來首先是記不住，因為不知道這一動是怎樣過渡到下一動的。所以，有些人反映太極拳太難，實際並不難，難就難在我們不知道這一動作和下一動作之間的聯繫，怎樣過渡的。如要是一招一勢地學，一招一勢地記，就不會感到難了，而且記得也比較牢。所以，要鍛鍊身體，就要下決心慢慢地、一動一動地、一招一勢地耐心地好好學習和掌握它。

　　第六，要持之以恆。練習太極拳是為了鍛鍊身體，因此要天天練習。過去武術界有這樣一句諺語：「練拳習功，貴在有恆；一日練一日功，一日不練十日空。」這也是說，如果是三天打魚，兩天曬網，就不會達到預期的效果，只有經常練習才能使身體得到不斷的鍛鍊，機能不斷地增長，達到強身健體的目的。

三、學練太極拳之前的身體基本練習

　　在學練拳之前，要做以下的準備活動，先做「關節活動」：兩腿自然站立，兩手手指交叉於胸前，進行轉腕活動，左轉、右轉數次。同時也可以配合腳腕活動，把一隻腳跟抬起，腳尖點地，使踝關節向裡、向外轉動，在活動的過程中一定要緩慢、柔和，不要做得太快。

　　一隻腳活動好以後，換另一隻腳。兩腳活動完，再進行頸部的左右繞動，同樣要注意動作緩慢，左、右各

轉數圈，把頸椎活動開。然後兩腳開立，兩手叉腰，讓髖關節左、右各平旋數次，使髖關節和腰部活動開。之後，兩腳併攏，兩手扶膝；使膝關節同時向左、右各旋轉數次，用力不要過大，幅度小一些，這樣可使膝部和相應的踝關節都得到活動和鍛鍊。

幾個大的關節活動開以後，再做「腿部柔韌練習」：弓步壓腿，就是前腿屈曲，後腿自然伸直，然後使髖關節向下震壓。在壓腿時，主要壓的是後腿的前群肌肉，在這個過程中仍要注意動作緩慢，不要用力過大過猛。之後，按照上述的要求再換壓另一條腿。

在這之後，再做俯身壓腿。從兩腿站立姿態開始，一腿支撐身體並屈蹲，另一腿向前邁出，腳跟著地，腳尖勾起，兩手可以扶著前腿的膝部向下慢慢地震壓。這一方法活動的是腿部的後群肌肉和韌帶，特別是膝關節後面和跟後的韌帶。

這兩處韌帶對於我們的腿部力量和柔韌起關鍵性作用，所以在這個活動時，要緩慢，時間要長一些，這樣才能拉開，可以增大動作的幅度，增大腿部的力量，腿腳才能抬得高，才能有力度。還要做「仆步壓腿」，就是一腿橫開一大步，屈膝全蹲，另一腿自然伸直仆向地面，使身體重心上下震動，起到壓腿的效果，一腿壓好後換另一腿，這主要是活動腿內側的肌肉韌帶，同樣也增加腿部力量。

然後進行基本功練習，靜功有「馬步樁」。即兩腳平行開立，兩臂自然放鬆垂於大腿兩側，身體放鬆直立，微收下頜，頭懸頂，頸豎直，含胸拔背，大腦注意集中在練拳的方面，調勻呼吸，做好準備工作；然後意念

想到由肩到肘、手，緩緩將兩臂抬起，與肩同高，與肩同寬。之後兩臂屈肘、鬆肩，遂慢慢地屈膝環抱於胸前，兩掌心對向胸部，兩手指尖相對約距 10 公分。

這樣站久以後，人體的生物電流就可接通，大約站 3 分鐘就可以了。然後兩臂前舉，掌心轉向下，緩緩下落，同時兩腿緩緩站起，兩手落於兩腿側，再把左腳緩緩收至右腳內側，成兩腳併攏自然站立姿勢，這也叫「太極樁功」。

做完樁功後，接著要做「太極行功」。行功就是進退步的練習，這種功法對我們練習、掌握太極拳也是很關鍵的，這也是打基礎的一種功法，因為太極拳很多動作都是利用腿的虛實轉換、進退來完成動作的，所以我們要掌握步法的規律，通過掌握步法的規律既掌握了技術要求，又增強了腿部的力量。

第一個行功是進步。練習方法是兩腳開立，自然直立，兩臂屈肘、屈腕貼於後腰兩側。然後緩緩屈膝，右腳向右前方外擺約 40 度角，重心移於右腳。左腳腳跟提起，腳尖提起，向左前方邁步，腳跟先著地，然後重心前移，左腳尖向練習正前方落下，重心緩緩移向左腳成左弓步。

注意重心前移時是胯向前平移，身體重心不得起伏，身體要正。成左弓步之後，右腿屈膝後坐，重心緩緩移向右腿，左腳腳尖翹起，向左外擺約 40 度角，然後重心緩緩移向左腿，當左腿全部支撐身體重心時，右大腿帶動小腿收向左腿，這時要先前移髖，就是先進臀部，右腳經左腳內側向右前方再上步，腳跟先著地，這時身體重心仍在左腿上，緩緩前移重心。同時右腳尖落向

運動的前方，成右弓步。在移動重心時，仍然要求先進
髖，上體保持正直。這樣左右反覆地向前做上步的練習
。進步的高低和次數可根據個人腿部力量的大小，待腿
部力量增強以後，次數可逐漸增加，姿勢要低。

　　第二個行功是「退步」。做法是兩腳開立，自然直
立，兩手緩緩向前合於腹前，兩手相疊，輕貼腹部丹田
處。然後，兩腿緩緩屈膝，左腳跟緩緩提起向左後撤一
步，先落腳尖，隨著身體重心的緩緩後移，腳跟落地，
全腳掌踏實。

　　移重心時注意仍然是髖的平移運動，不能上體先動
，要保持上體舒鬆正直，眼睛自然向前平視，呼吸自然
；重心後移到左腿以後，左腿支撐身體重心，再把右腳
跟、腳尖慢慢提起，提起高度約距地面 5 公分，不要太
高；右腳再向右後落腳尖、腳跟。

　　後退的路線是弧線，重心再緩緩移向右腿，移重心
的方法仍同前面的要求一樣；當重心移到右腿時，把左
腳緩緩提起離開地面約 5 公分左右，收經右腳內側，再
向左後方退步，腳尖、腳跟、重心緩緩右移至左腳，如
此左右反復不斷地連續進行練習，最後兩腳併攏收勢，
兩腿緩緩直立，兩手慢慢收放在身體兩側。

第二章　24式太極拳

一、主要動作及其規格說明

（一）主要手型：

1.拳：拇指壓於食指、中指第二指節上。握拳不可太緊，拳面要平。

2.掌：五指自然舒展，掌心微含，虎口呈弧形。

3.勾：五指第一指節自然捏攏，屈腕。

（二）主要手法：

1.衝拳：拳自腰間向前打出，高不過肩，低不過胸，力達拳面。

2.搬拳：屈臂俯拳，自異側而上，以肘關節為軸前臂翻臂至體前或體側，手臂呈弧形。

3.貫拳：兩臂自下經兩側，臂內旋向前圈貫與耳同高，拳眼斜向下，兩臂呈弧形。

4.單推掌：掌須經耳旁臂內旋向前立掌推出，掌指高不過眼，力達掌根。

5.雙推掌：兩掌自胸前同時向前推出，掌指朝上，寬不過肩，高不過眼，力達掌根。

6.摟掌：掌自異側經體前弧形下樓至膝外側，掌心

朝下，掌指朝前。

7. 攔掌：掌經體側向上，立掌向胸前攔，掌心朝異側，掌指斜朝上。

8. 平分掌：屈臂兩掌交叉於胸前，兩臂內旋經面前弧形向左、右分開，兩掌心朝外，掌指朝上。

9. 立雲手：兩掌在體前上下交替呈立圓運轉。

10. 穿掌：側掌沿體前、腿穿伸，指尖與穿伸方向相同，力達指尖。

11. 抱掌：兩掌合抱，兩臂保持弧形，兩腋須留有空隙。

12. 挑掌：側掌自下向上屈臂挑起，掌指向上，指尖高不過眉，腋下須留空隙。

13. 将：臂呈弧形，雙手向左（右）側後将，臂須外旋或內旋，動作走弧形。

14. 按：單掌或雙掌自上而下為下按；自後經下向前弧形推出為前按。

15. 掤：屈臂呈弧形舉於體前，掌心朝內，力達前臂外側。

16. 擠：一臂屈於胸前，另一手扶於屈臂手的腕部或前臂內側，兩臂同時前擠，臂撐圓，高不過肩。

（三）主要步型：

1. 弓步：前腿全腳掌著地，屈膝前弓，膝不得超過腳尖，另一腿自然伸直，腳尖內扣斜前方約 40°左右，兩腳橫向距離約 10～20 公分。

2. 虛步：一腿屈膝半蹲，全腳著地，腳尖斜朝前；另一腿微屈，腳前掌或腳跟點地。

3.仆步：一腿全蹲，膝與腳尖稍外撇；另一腿自然伸直，平鋪接近地面，腳尖內扣，兩腳掌全著地。

4.丁步：一腿屈膝半蹲，重心在屈膝腿上；另一腳以腳前掌點地於支撐腳內側。

5.獨立步：一腿自然直立，另一腿屈膝提起，大腿高於水平。

（四）主要步法及腿法：

1.上步：一腿支撐，另一腿提起經支撐腿內側向前上步，腳跟先著地，隨著重心前移，全腳著地。

2.退步：一腿支撐，另一腿經支撐腿內側退一步，腳前掌先著地，隨著重心後移，全腳掌著地。

3.側行步：一腿支撐，另一腿提起側向開步，腳前掌先著地，隨著重心橫移，全腳著地逐漸過渡為支撐腿；另一腿提起，向支撐腿內側併步，仍須先以腳前掌著地，隨著重心橫移，全腳著地過渡為支撐腿；併步時兩腳間距為 10～20 公分。

4.蹬腳：支撐腿微屈，另一腿屈膝提起，腳尖上翹，以腳跟為力點蹬出，腿自然伸直，腳不得低於腰部。

二、分解動作名稱

【第一段】
預備式
（一）起勢
　　1.兩腳並立
　　2.兩臂前舉
　　3.屈膝按掌
（二）左右野馬分鬃
　　1.收腳抱球
　　2.轉體邁步
　　3.弓步分手
　　4.後坐翹腳
　　5.收腳抱球
　　6.轉體邁步
　　7.弓步分手
　　8.後坐翹腳
　　9.收腳抱球
　　10.轉體邁步
　　11.弓步分手
（三）白鶴亮翅
　　1.跟步抱球
　　2.後坐轉體
　　3.虛步分手
（四）左右摟膝拗步
　　1.轉體繞臂

4. 轉體後将

5. 弓步前擠

6. 後坐收手

7. 弓步按掌

（八）右攬雀尾

1. 轉體扣腳

2. 收腳抱球

3. 弓步掤臂

4. 轉體伸臂

5. 轉體後将

6. 弓步前擠

7. 後坐收手

8. 弓步按掌

（九）單鞭

1. 轉體扣腳

2. 丁步勾手

3. 弓步推掌

【第三段】

（十）雲手

1. 轉體扣腳

2. 雲手收腳

3. 雲手跨步

4. 雲手收腳

5. 雲手跨步

6. 雲手收腳

（十一）單鞭

1. 轉體勾手

2.弓步推掌

（十二）高探馬

1.跟步翻掌

2.虛步探掌

（十三）右蹬腳

1.活步穿掌

2.弓步翻掌

3.收腳合抱

4.提膝翻掌

5.蹬腳舉掌

（十四）雙峰貫耳

1.屈膝舉臂

2.落腳落手

3.弓步貫拳

【第四段】

（十五）轉身左蹬腳

1.轉身扣腳

2.收腳合抱

3.提膝翻掌

4.蹬腳舉掌

（十六）左下勢獨立

1.收腿勾手

2.仆步穿掌

3.弓步立掌

4.提膝挑掌

（十七）右下勢獨立

1.落腳勾手

（二十三）十字手

　　1. 轉體分舉

　　2. 收腳合抱

（二十四）收勢

　　1. 翻掌舉臂

　　2. 落手垂臂

　　3. 收腳還原

三、分解動作說明

第 一 段

預備式

　　兩腳併攏，自然直立，下頦微收，頭懸頂豎頸，肩放鬆，兩臂自然垂於身體兩側，呼吸自然，眼平視於前方，神態自然。口微閉，注意力集中。這樣站立 1 分鐘左右，這時要排除雜念，把注意力集中在練拳上，準備開始練拳（圖1）。

（一）起勢

1.兩腳開立

　　身體重心移向右腿，右腿全部支撐身體重心，左腳腳跟、腳前掌緩緩離開地面約 5 公分，然後向左橫跨半步，腳尖、腳跟依次落地，兩腳平行開立，重心緩緩移在兩腿之間，眼平視前方（圖2）。

2.兩臂前舉

　　兩臂慢慢向前上舉起，與肩同高，兩手臂相距與肩同寬，手心向下。眼平視前方（圖3）。

3.屈膝按掌

　　上體保持正直，兩腿屈膝下蹲；同時兩掌下落按於腹前。眼平視前方（圖4）。

要點：

　　①兩肩下沉，兩肘鬆垂，手指自然微屈。

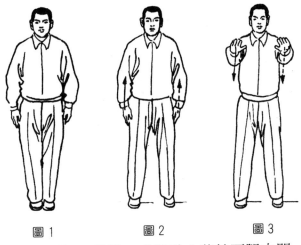

圖1　　　　　　圖2　　　　　　圖3

②屈膝鬆腰，斂臀，身體重心落於兩腿中間。

③兩臂下落和身體下蹲動作要協調一致。

④呼吸要自然。

（二）左右野馬分鬃

1.收腳抱球

上體微向右轉，身體重心緩緩移向右腿，右腿支撐身體重心；同時右手向右、向上、向左劃弧，右臂屈於胸前，手心朝下，左手向下、向右劃弧於右腹前，掌心朝上，兩手心斜相對，兩臂呈抱球狀。同時左腳提起收於右腳內側，腳尖點地成左丁步，眼看右手（圖5）。

2.轉體邁步

在收腳抱球的基礎上，身體向左緩緩轉30°角，在轉體的同時，左腳向左前方邁出一步，腳跟著地，眼看左前方（圖6、7）。

圖4　　　　　圖5　　　　　圖6

圖7　　　　　　　　圖8

3.弓步分手

在轉體邁步的基礎上，右腳蹬地並以腳前掌為軸，腳跟向外碾轉，右腿微屈，身體重心緩緩前移，左腳全

掌踏實，左腿屈膝，成左弓步，同時上體繼續微左轉，左右兩手臂上下微相合後，慢慢向左上和右下分展，左手在左前方，手心斜朝上，指尖斜向上，與眼同高；右手落在右胯旁，手心朝下，指尖向前，眼看左手（圖 8）。以上動作為左野馬分鬃。

要點：

上體舒鬆正直，沉胯，後腿要微屈，勿伸直。呼吸自然，頭正直，眼看左掌。

4.後坐翹腳

在左野馬分鬃的基礎上，上體慢慢後坐，身體重心移至右腿並屈膝支撐身體重心，左膝微屈，左腳尖翹起，眼看左手（圖 9）。

5.收腳抱球

在重心後移，左腳腳尖翹起後，動作不停身體左轉，左腳尖向左擺約 40°角，重心前移，左腳全掌踏實，

圖 9　　　　圖 10　　　　圖 11

左腿屈膝前弓。身體重心再移至左腿,同時左手翻轉向下,左臂在胸前平屈,右手向左劃弧至左手下,兩手心相對成抱球狀,右腳隨即收到左腳內側,腳尖點地,眼看左手(圖10、11)。

6.轉體邁步

身體緩緩向右轉,右腳向右前方邁出一步,腳跟著地,眼看左手(圖12)。

7.弓步分手

在轉體邁步的基礎上,左腳蹬地,右腿屈膝前弓,成右弓步,同時上體右轉,左右兩手隨轉體上下微相合後慢慢向右上、左下分展,右手在右前方,手心斜朝上,指尖斜向上,與眼同高,肘微屈左手落在左胯旁,肘微屈,手心向下,指尖朝前方,眼看右手(圖13)。

要點:以上 4、5、6、7 個分動為右野馬分鬃,要點與左野馬分鬃相同,惟動作相反。

圖 12   圖 13

8.後坐翹腳

動作同分動 4，文字敘述略（圖 14）。

9.收腳抱球

動作同分動 5，文字敘述略（圖 15、16）。

10.轉身邁步

動作同分動 6，文字敘述略（圖 17）。

11.弓步分手

動作同分動 7，文字敘述略（圖 18）。

以上 8、9、10、11 分動為左野馬分鬃。

要點：

①野馬分鬃共重複三次，第一次左野馬分鬃時要注意後腳以前腳掌為軸，腳跟向外碾，調整腳位置。

②上體需舒鬆正直，不可前俯後仰。

③後坐翹腳，收腳抱球，弓步分手時上下肢動作要協調一致。

圖 14　　　　　圖 15　　　　　圖 16

圖 17   圖 18

④進步時要先進髖，使兩腿虛實分明。

（三）白鶴亮翅

1.跟步抱球

上體微向左轉，右手翻掌向下，左臂平屈胸前，身體重心前移至左腿，左腿屈膝支撐身體，右腳向前跟半步，腳前掌落於左腳後約 20 公分處，同時右手向左向前上劃弧至腹前，手心朝上，成跟步前抱球，眼看左手（圖 19）。

2.後坐轉體

上動不停，上體後坐，右腳腳跟落地，全腳踏實，身體重心移至右腿並屈蹲，然後上體向右轉，面向右前方，同時兩手上下微相合隨身體右轉，帶動兩臂向右上劃弧舉於右肩前，眼看右手方向（圖 20）。

圖19　　　　　圖20　　　　　圖21

3.虛步分手

上動不停身體再向左轉，面向前方（前進方向），兩手隨轉體慢慢地右手向右上，左手向左下分展，兩臂微屈右手繼續向右上劃弧舉於右前上方，手心向左，指尖稍高於頭，左手向下向左劃弧落於左胯旁的 30 公分處。手心向下，指尖朝前，眼平看前方（圖21）。

要點：

動作定勢時，上體要舒鬆正直，不要挺胸凸臀。身體右轉、左轉帶動兩手臂作弧線運動，要順遂協調。眼應隨動作先看右前方再平看前方。

（四）左右摟膝拗步

1.轉體繞臂

身體微左轉再右轉，同時右手向前向下繞臂落於右

胯旁，手心斜向上，左手由左下向上向右劃弧繞於左肩前，眼看左手（圖22、23）。

2.收腳舉臂

身體繼續右轉，左腳收於右腳內側，腳尖點地同時右手隨轉體繼續向右後上方劃弧上舉，同耳高，手心斜向上。左手繼續向右劃弧屈臂於右胸前，手心斜向下，眼看右手方向（圖24）。

圖22　　　　　　圖23　　　　　　圖24

3.弓步摟推

上體左轉，左腳向左前方邁步，腳跟先著地，然後重心逐漸移向左腿成左弓步；在移重心的同時，左手向下經左膝前摟過落於左胯旁，手心向下，指尖朝前。右手內旋，掌心朝前，經右耳側向前推出於右肩前方，掌心朝前，指尖向上，手同鼻高；眼看右手方向（圖25、26）。

以上為左摟膝拗步。

圖 25　　　　　　　　　　　圖 26

4.後坐轉體

右腿慢慢屈膝、上體後坐，身體重心移至右腿，左腳尖翹起，向外擺 40°角左右。右前臂微收。稍外旋，手心朝左前方，左手隨體轉劃弧微外展，眼看前手（圖27）。

5.收腳舉臂

身體左轉，重心緩緩前移至左腿，左腿屈膝支撐身體，右腳收於左腳內側成丁步；同時，左手向後向左向上劃弧，舉至左側，手心斜向上，指尖同眼高，右臂屈於胸前，右手心斜向下，眼看左手（圖28）。

6.弓步摟推

動作同分動 3，惟動作對稱，左右相反，文字敘述略（圖29、30）。

7.後移轉體

動作同分動 4，惟動作對稱，左右相反，文字敘述

圖 27　　　　　　圖 28　　　　　　圖 29

圖 30　　　　　　　圖 31

略（圖 31）。

8.收腳舉臂

動作同分動 5，惟動作對稱，左右相反，文字敘述

圖 32　　　　　　　　圖 33

略（圖 32）。

9.弓步摟推

動作同分動 3，文字述敘略（圖 33、34）。

要點：摟膝拗步成弓步時，兩腿跟的橫向距離保持約 30 公分左右（同肩寬）；推掌時要沈肩垂肘，坐腕舒掌，同時與鬆腰，弓腿上下協調一致。

（五）手揮琵琶

1.跟步伸臂

重心緩緩移於左腿，右腳向前跟半步，前腳掌落於左腳內後約 20 公分處；同時隨著重心的前移右手向前伸臂，眼看右手方向（圖 35）。

2.虛步舉手

上體後坐，右腳全腳掌落地，重心全部移至右腿並屈膝微蹲，左腳提起，向前邁步，腳跟著地成左虛步；

圖34　　　　　圖35　　　　　圖36

同時左手向左向上向右劃弧舉
於體左前側，指尖同鼻高，掌
心朝右前，指尖向前上，右手
收回至左肘內側，手心朝左，
眼看左手（圖36、37）。

　要點：

　①跟步成虛步時，膝關節
要微屈，身體平穩。

　②跟步時，右手隨之前伸
；身體後坐時兩手動作微成弧
形；成虛步時兩手臂相合，要
協調一致。

圖37

分段提示

　第一段中共有五個動作，怎樣記憶有個規律：一個
起式下邊是三、半、三、半；也就是：

起式　$\dfrac{野馬分鬃}{三步}$　跟　$\dfrac{白鶴亮翅}{半步}$　上　$\dfrac{摟膝拗步}{三步}$　跟

$\dfrac{手揮琵琶}{半步}$。

在演練中，要注意上體舒鬆正直，下肢虛實轉換輕靈沉穩；身法運用上以腰為主宰，左右轉動要緩慢、柔活；步法有上步、跟步，運動中，上步先落腳跟，然後重心前移，全腳掌踏實，體現出虛實輕靈柔緩的運動特點。整段動作都要注意：運動速度要緩慢、均勻連貫；重心要平穩，上下肢運動要協調一致，定勢時眼要注視手的主攻方向，呼吸要勻、緩、自然。

第　二　段

（六）左右倒捲肱

1.轉體平舉

身體微向右轉，右手經腹前外旋，手心轉向上，右手向右後上方劃弧側平舉，臂微屈，腕與肩同高，指尖斜向上，眼看右手，在右手劃弧至右側舉時，左手手心外旋轉向上，同時上體微左轉，眼隨身體的轉動，看左手方向（圖38、39）。

2.提腳屈肘

左腳慢慢地屈膝提起，同時右臂屈肘於右耳側，手心轉向前，眼仍看左手方向（圖40）。

3.退步推掌

上動不停，左腳向左後退一步，腳前掌先著地，然後全腳掌踏實，重心緩緩移至左腿，並屈膝微蹲，成右

圖 38　　　　　　　　　圖 39

圖 40　　　　　　　　　圖 41

虛步，右手向前推出，掌心斜朝下，左臂屈肘左手回收
至左胯旁，手心朝上，同時身體微向左轉，右腳隨轉體
以前腳掌為軸，碾轉調正，眼看右手方向（圖 41）。

以上分動為左倒捲肱。

4.轉體平舉

身體緩緩左轉，左手由胯旁向左前向上劃弧平舉，臂微屈，腕與肩同高，指尖斜向上，眼看左手，在左手劃弧至左側舉時，右手外旋，手心轉向上，同時上體微右轉，眼隨身體的轉動看右手方向（圖42）。

5.提腳屈肘

動作同分動2，惟動作對稱，左右相反（圖43）。

圖42　　　　　　圖43

6.退步推掌

動作同分動3，惟動作對稱，左右相反（圖44）。

7.轉體平舉

動作同分動4，惟動作對稱，左右相反（圖45）。

8.提腳屈肘

動作同分動2（圖46）。

圖44

圖45

圖46

圖47

9.退步推掌

動作同分動3（圖47）。

10.轉體平舉

動作同分動4（圖48）。

圖 48　　　　　　　　圖 49

11.提腳屈肘

動作同分動 2，惟動作對稱，左右相反（圖 49）。

12.退步推掌

動作同分動 3，惟動作對
稱，左右相反（圖 50）。

要點：

①要強調兩手臂側前舉的
方位，應為右前（左前）的方
向，臂微屈，腕同肩高。

②屈肘、前腿屈膝提腳要
同時。

③前腳向側後方弧形落地
後，身體重心緩緩後移與收手
推掌動作要同時。

④退步時身體重心要平穩

圖 50

，不要忽高忽低。同時前腳隨轉體以前腳掌為軸碾正。

⑤眼神隨轉體先右（左）看再轉看前手。

（七）左攬雀尾

1.轉身收抱

身體右轉，然後左腳以前掌為軸向右碾轉，同時右手隨轉體向上向左劃弧屈臂於右胸前，掌心向下，左手向下向右劃弧至右腹前，掌心朝上，同時，左腳收於右腳內側，左腳尖著地，成左丁步抱球，眼看右手（圖51、52、53）。

2.弓步掤臂

身體微左轉，左腳向左前方上步，腳跟先著地，然後重心向前移向左腿成左弓步，右腿自然伸展；在移重心的同時左臂屈臂向左前，掤起，小臂橫於胸前，呈弧形，左掌心朝內，右手向下方劃弧落於右胯旁，掌心朝

圖 51

圖 52

圖 53　　　　　　　　　　圖 54

下，指尖向前，眼看左前臂（圖54、55）。

要點：

　　①右轉身後，收左腳成丁步
、右抱球要同時，上體要保持舒
鬆正直，勿前傾凸臀。

　　②掤出時，兩臂前後均保持
弧形。分手、胯鬆沈成弓步要協
調一致。

3.轉體伸臂

　　身體微左轉，重心稍前移，
左手隨即前伸翻掌心向下，同時
右手經腹前外旋，手心轉向上向
前伸至左前臂下方，兩手心斜相
對，眼看左手方向（56）。

圖 55

4.轉體後捋

上動不停，上體向右轉，身體重心緩緩後移至右腿並屈蹲，同時兩手向下、向右、經腹前向右後上捋，右手劃弧至右前上方時臂外旋，掌心斜向上，腕同肩高，左手向下劃弧，左臂平屈於胸前，掌指向右側方，掌心朝後，眼看右手（圖57）。

要點：

①前腿蹬伸，後腿屈蹲與兩手弧形斜後引捋，要緩緩協同一致。

②上身緩緩右轉，以身帶臂協調運動。

③眼隨手視。

5.弓步前擠

身體微左轉，右臂屈肘，右手附於左手腕裡側內旋，掌心朝前，兩手腕相搭成十字手與胸同高，然後上體繼續向左轉，重心慢慢前移成左弓步，同時兩手前擠，

圖56   圖57

圖 58　　　　　　　　圖 59

右手手心向前，左手手心向後，眼看左手腕部（圖 58、
59）

要點：

①移重心成弓步與兩手搭腕成十字手前擠要協同一
致。

②兩手臂呈弧形，以左前臂外側、兩手合力向前平
擠。

③上體仍保持舒鬆正直。

6.後坐收手

重心繼續微前移，兩臂前伸，兩掌心轉向下並分別
向左右分舉與肩同寬，成前平舉，此後重心後移至右腿
，屈膝下蹲，左腿微屈腳尖翹起，同時兩手屈肘回收至
胸前，眼看前方（圖 60、61）。

7.弓步按掌

上動不停，兩掌緩緩向下按於腹前，然後重心前移

圖 60　　　　　　　　　圖 61

圖 62　　　　　　　　　圖 63

，左腿屈膝前弓，成左弓步，同時兩手掌由腹前向上、向前推按，兩臂微屈，腕與肩高，眼平看前方（圖 62、63）。

要點：

①兩手屈臂回收經胸前按至腹前與右腿屈膝後坐，左腿蹬伸腳尖上翹要協同一致。

②身體重心前移成弓步與兩手緩緩向前上推按要協調一致。

③身體重心在前移、後坐時，均要保持上體舒鬆正直，不可前俯後仰、凸臀。

以上分動為左攬雀尾，它包括了掤、捋、擠、按四種擊法。

（八）右攬雀尾

1.轉體扣腳

身體後坐並向右轉，身體重心移至右腿，左腳尖翹起內扣，右手向右平行劃弧至右側，掌心向外，眼看右手（圖64、65）。

2.收腳抱球

圖64　　　　　　　　圖65

　　身體重心再移至左腿，右腳收至左腳內側，腳尖點地成丁步，同時右手向下、向左劃弧至左腹前，外旋，掌心朝上，左臂屈於左胸前，兩手心上下相對成抱球狀，眼看左手（圖66、67）。

圖66　　　　　　　　圖67

　　要點：
　　收腳成丁步與兩手合抱動作要協調一致，上體保持舒鬆正直。
　　3.弓步掤臂
　　同（七）分動2，左右對稱，惟方向相反（圖68、69）。
　　4.轉體伸臂
　　同（七）分動3，左右對稱，惟方向相反（圖70）。
　　5.轉體後捋
　　同（七）分動4，左右對稱，惟方向相反（圖71）。

圖 68　　　　　　　　　　圖 69

圖 70　　　　　　　　　　圖 71

6.弓步前擠

同（七）分動 5，左右對稱，惟方向相反（圖 72、
73）。

圖 72　　　　　　　　圖 73

圖 74　　　　　　　　圖 75

7.後坐收手

同（七）分動 6，左右對稱，惟方向相反（圖 74、75）。

圖 76　　　　　　　　圖 77

8.弓步按掌

同（七）分動 7，左右對稱，惟方向相反（圖 76、77）。

以上分動為右攬雀尾，要點均與左攬雀尾相同，文字敘述略。

（九）單鞭

1.轉體扣腳

上體後坐，身體、重心緩緩後移至左腿，並屈膝微蹲；右膝自然伸展，右腳尖翹起內扣；同時上體左轉，左手手心向外、向上經面前向左劃弧至左臂平舉，右手劃弧經腹前至左肋前，手心向後上方，指尖斜向上，臂微屈，眼看左手（圖 78、79）。

2.丁步勾手

身體重心緩緩右移至右腿，右腿屈膝微蹲，左腿伸

圖 78　　　　　　　　圖 79

圖 80　　　　　　　　圖 81

直，身體右轉，隨之右手繼續向上經左胸前、面前劃弧
至右前上方，內旋，掌心向外，指尖斜向上，腕與肩平
，肘微屈；同時左手心朝下，向下向右經腹前劃弧於右
肘的內側，手心朝後，指尖朝右。在左手劃弧將到右手

肘內側時，左腳收於右腳內側，腳尖點地成丁步，同時，右手成勾手，勾尖朝下，眼看右手（圖80、81）。

3.弓步推掌

身體微左轉，左腳向左前側邁出一步，腳跟著地，然後，右腳跟後蹬，重心緩緩移向左腿並屈膝前弓，成左弓步；在移重心的同時，左手向上經面前向左劃弧，至左前方時，左臂內旋，手心轉向外，向前推出，指尖斜向上與眼齊平，眼看左手（圖82、83）。

要點：

①重心左、右移動變換時，要緩慢與上肢動作協調一致。

②上體緩慢轉動，帶動兩臂在體前上下劃圓運轉要協同柔順。

③成單鞭勢時，要沈肩、垂肘，左手塌腕，舒指展掌；鬆腰、沈胯；上體保持中正。

圖82

圖83

分段提示

1. 此段在步法上，以退步為主，退步時支撐腿要保持一定屈度。這樣才能保持身體重心平穩運動，不會出現忽高忽低的波浪起伏錯誤。

2. 身體重心前後移動，帶動上體及兩手臂運轉要協調一致，這樣上下肢運動是一整體，動作就協調、順遂。

3. 該段的核心動作是攬雀尾，它包括太極拳中的掤、捋、擠、按四種手法，因此在練習時要意識集中，方法要準確，動作要連續協調，勁力順達。

第 三 段

（十）雲手

1.轉體扣腳

重心緩緩移向右腿，身體慢慢右轉，右腿屈膝半蹲

圖 84

圖 85

，左腳腳尖翹起內扣，同時左手向下經腹前向右上劃弧至右肩前，手心斜向後，右勾變掌，手心朝前方，眼看左手（圖84、85）。

2.雲手收腳

身體慢慢左轉，重心隨之逐漸左移至左腿、微蹲，同時，左手向上劃弧經面前向左運轉，右手向下經腹前向左運轉，在左手運行至左前方時，左掌內旋，掌心轉向外，右手向上運行至左肘內側，掌心斜向上，這時右腳收至左腳內側約 10 公分處，兩腳平行，膝微蹲，眼看左手（圖86、87）。

3.雲手跨步

身體重心移向右腿，左腳向左側跨步，腳尖先著地，然後慢慢過渡到全腳掌著地，同時身體右轉，右手向上經面前向右劃弧，手左向下經腹前劃弧，手心向左，兩手劃弧至右前方時，右手內旋，掌手翻向外，左手至

圖86　　　　　　圖87

右肘內側，掌心斜向上，眼看在手（圖88、89）。

4.雲手收腳

同分動2（圖90、91）。

圖88 　　　　　　圖89

圖90 　　　　　　圖91

5.雲手跨步

同分動3（圖92、93）。

圖 92

圖 93

圖 94

圖 95

6.雲手收腳

同分動 2（圖 94、95）。

要點：

①雲手是兩手臂伴隨左右體轉和重心轉換，在體前做交叉立圓運轉動作。上手運到面前時，指尖高不過眉；下手運轉同腹高。兩臂保持一定屈度。

②當兩手運至左前（右前）側時，兩手臂好似形成陰陽魚狀，魚頭在胸懷，兩手似魚尾。

③雲手左右各做三次，左雲手時，收右腳；右雲手時，左腳跨步，依此規律進行雲手練習。

④雲手過程中，重心要平穩，速度均勻、連貫，眼隨手視。

（十一）單鞭

1.轉體勾手

上動不停，重心繼續移向右腿，身體向右轉，右手隨之向上、向右經面前劃弧運至右側方，左手向下、向右經腹前向右上劃弧至右肩前時，掌心向內，然後右手內旋，掌心向外，指尖向上，五指屈攏變勾手，勾尖向下，腕稍高於肩；在右手變勾手的同時左腳腳跟提起成左丁步，眼看右手方向（圖 96、97）。

2.弓步推掌

身體緩緩向左轉，左腳向左前方邁出，腳跟著地，右腳跟向後蹬展，身體重心前移至左腿並屈膝前弓成左弓步；同時左手向上、向左經面前向左劃弧至左前方時，左手內旋掌心翻向外，向左前推出，指尖斜向上，腕與肩高，眼看左手，成單鞭式（圖 98、99）。

要點：

同（九）「單鞭勢」。

圖 96　　　　　　　　　圖 97

圖 98　　　　　　　　　圖 99

（十二）高探馬

1.跟步翻掌

身體重心前移，右腿跟進半步，身體重心逐漸後移於右腿上，身體微右轉，右勾變掌外旋，兩掌心翻向上，兩肘微屈，同時左腳跟漸漸離地，眼看左手（圖100）。

2.虛步探掌

身體重心全部移至右腿並屈蹲，上體左轉，右手屈臂，右掌經右耳側向前探掌，掌心斜向下，指尖斜向上同鼻高，左手手心向上，收至左腰前，同時左腳微向前移，腳尖點地成左虛步，眼看右手前方（圖101）。

要點：

①跟步與勾手變掌、兩手心翻向上的動作要同時完成。

②身體重心慢慢後移成左虛步與右手向體前探出、

圖100　　　　　　　圖101

左手收至左腰前要協同一致。

③定勢時，上體仍注意舒鬆正直、斂臀。

（十三）右蹬腳

1.活步穿掌

左手向右腕上方穿出，兩腕相交叉，左手心向上，右手心向下；同時，左腳提起向左前活步，腳跟先著地，眼看左手（圖102）。

2.弓步翻掌

右腿蹬伸，身體重心移向左腿並屈膝前弓，成左弓步；左手內旋手心翻向內，眼看左手（圖103）。

3.收腳合抱

身體重心全部移至左腿，右腳收至左腳內側，腳尖點地，同時兩手分別向左右劃弧分開，向下經腹前兩手交叉合抱於胸前，右手在外，左手在裡，手心均向後，

圖102　　　　圖103　　　　圖104

眼平看右前方（圖104）。

4.提膝翻掌

左腿緩緩伸起，右腿屈膝提起成左獨立，同時兩手臂隨身體重心上起，內旋成立掌，掌心翻向外。眼看右前方（圖105）。

5.蹬腳舉掌

上動不停，右腳尖翹起，慢慢向右前方蹬出，勁貫腳跟，同時兩手臂分別向左右劃弧分開平舉，臂微屈、指尖向上，手心向外；眼看右手（圖106）。

要點：

①在收腳合抱時注意上體保持斂臀正直，勿彎腰凸臀。

②蹬腳與分掌平舉，動作要協調一致，左腿獨立站穩。

③蹬腳方向應是右前方約45°角，右臂與右腿上下

圖105　　　　　　　　圖106

相對。

（十四）雙峰貫耳

1.屈膝舉臂

右腿屈膝，腳尖自然下垂；同時上體微右轉，兩手心轉向上，兩臂屈肘前平舉於膝上，眼看兩手方向（圖107）。

2.落腳落手

支撐腿屈膝下蹲，右腳向右前方落腳，腳跟先著地，同時兩手向下劃弧分落於胯的兩側，兩手心向前上方，眼平看前方（圖108、109）。

3.弓步貫拳

身體重心移向右腿，右腿屈膝前弓成右弓步，同時兩手繼續向後劃弧，並內旋握拳，向左右兩側，向上向前劃弧至面部前方，兩臂微屈成鉗狀，兩拳微內扣，拳

圖107　　　　　圖108　　　　　圖109

眼斜向下，相距約 20 公分，高與耳齊平，眼看兩拳之間（圖 110）。

圖 110

要點：成弓步兩手貫拳要協同一致；弓步貫拳定勢時，不要聳肩掀肘，應沉肩垂肘。

分段提示：此段主題動作是連續三次雲手動作，體現出太極拳左顧右盼的步法，身法、眼法。步法是，向左開步併步，重心虛實轉換，橫向平移運動，身法是以腰為軸，左右回轉，帶動兩手臂在體前不停地做交叉立圓運轉；眼睛左右交替的隨視上手。這充分體現出太極拳手、眼、身法、步的整體運動的技法特點。

該段的右蹬腳是舉腿平衡動作，需要腿部的支撐力及柔韌控制能力。因此平時應加強這方面素質練習，以提高動作質量。

第 四 段

（十五）轉身左蹬腳

1.轉身扣腳

身體重心後坐，腿屈膝支撐身體重心，上體左轉，右腳腳尖翹起內扣，全腳掌著地，同時兩拳變掌，由上分別向左右劃弧平舉，掌心向前，同肩高，兩臂微屈，

圖 111　　　　　　　　　圖 112

眼看左手（圖 111、112）。

2.收腳合抱

身體重心緩緩再移至右腿並屈膝支撐，左腳收至右腳內側，腳尖點地；同時兩手由兩側向下經腹前交叉，合抱於胸前，左手在外，右手在裡，手心均向後，眼看左前方（圖 113、114）。

3.提膝翻掌

同（十三）分動 4，動作對稱，惟方向相反（圖 115）。

4.蹬腳舉掌

同（十三）分動 5；動作對稱，惟方向相反（圖 116）。

（十六）左下勢獨立

圖 113　　　　　　　　圖 114

圖 115　　　　　　　　圖 116

1.收腿勾手

左腿屈膝，腳尖自然下垂，上體微右轉，同時右掌變勾，勾尖朝下，左掌向右經面前劃弧立於右肩前，掌

心斜向後，眼看右手（圖117、118）。

2.仆步穿掌

右腿慢慢屈膝下蹲，左腳向側偏後伸出，成左仆步

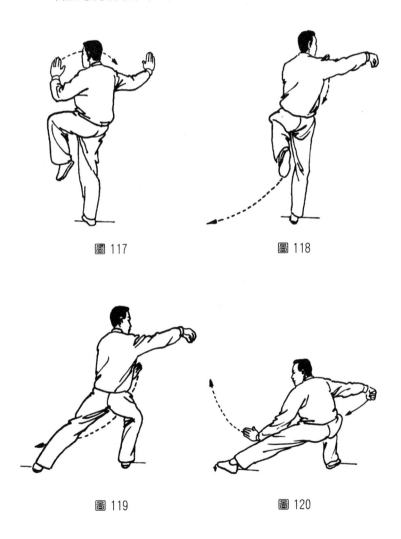

圖 117　　　　　　　　　　　圖 118

圖 119　　　　　　　　　　　圖 120

；左手下落，掌心向外，向左下經左大腿內側穿出，眼看左手（圖119、120）。

要點：

右腿全蹲時，上體仍然要保持正直，在仆步穿掌時，掌應下落經腹前，然後有一個轉腕的動作，掌心向外，指尖向前，拇指向上向前穿出。

3.弓步立掌

身體重心前移，左腳以腳跟為軸，腳尖微外擺，左腿前弓，右腿後蹬，右腳尖內扣；上體微向左轉，並向前起身；同時，左臂繼續向前伸出成立掌，掌心向右，右勾手內旋下落，勾尖轉向後上方，臂成斜下舉；眼看左手（圖121）。

4.提膝挑掌

重心移至左腿，右腿屈膝緩緩提起，成左獨立式，同時，右手勾變掌，由後下方順右腿外側，向前弧形挑

圖121

圖122

起,並屈肘立於右腿上方,肘與膝相對,手心向左,指尖向上,與眉同高,左手落於左胯旁,手心向下,指尖向前,眼看右手(圖122)。

要點:

支撐腿要微屈,右腿提膝與腹同高,同時右肘和右膝相對,腳尖自然下垂;左手下落時要有按勁;左手下按與提膝挑掌要諧調一致。

(十七)右下勢獨立

1.落腳勾手

右腳下落於左腳右前方,腳尖點地;然後左腳以前腳掌為軸碾轉,使身體隨之左轉;同時,左手向左、向上劃弧變勾手成平舉,勾尖朝下,臂微屈,右掌隨轉體向左側劃弧立於左肩前,掌心斜向後,眼看左手(圖123、124)。

圖123　　　　　　　　圖124

2.仆步穿掌

同（十六）分動2，動作對稱，惟方向相反（圖125
、126）。

圖 125

圖 126

圖 127

圖 128

3.弓步立掌

同（十六）分動3，動作對稱，惟方向相反（圖127
）。

4.提膝挑掌

同（十六）分動4，動作對稱，惟方向相反（圖128
）。

（十八）左右穿梭

1.落腳轉體

左腳向左前落步，腳尖外擺落地，膝微屈，右腿屈
膝微蹲成叉步狀；同時上體左轉，左手隨體轉內旋屈臂
於胸前，掌心向下，指尖朝右，右手隨體轉外旋，掌心
向上於右胯前，眼看左手（圖129、130）。

2.收腳抱球

上體繼續左轉，身體重心前移至左腿並屈膝支撐，

圖129　　　　圖130　　　　圖131

右腳向前收至左腳內側，腳尖點地；同時右手隨轉體向前、向左劃弧屈臂於左腹前，兩手心斜相對成抱球狀，眼看左前臂（圖131）。

3.弓步架推

上體右轉，右腳向右前邁出一步，腳跟先著地，然後全腳踏實，重心前移，右腿屈膝前弓成右弓步；同時右手內旋，向前、向上劃弧架掌於頭的右前上方，掌心斜向上，左手經體前向前推出，指尖同鼻高，手心向前；眼看左手（圖132、133）。

以上為左穿梭。

4.收腳抱球

身體重心略後移，右腳尖稍外撇，隨即身體重心再移至右腿，左腳收於右腳內側，腳尖點地；同時右手臂屈臂落於右胸前，掌心朝下，左手向下、向右劃弧外旋於右腹前，掌心朝上，兩手成抱球狀，眼看左手（圖134

圖 132　　　　　　　圖 133

圖 134　　　　　圖 135　　　　　圖 136

、135）。

5.弓步架推

同分動 3，動作對稱，惟方向相反（圖 136、137）。

以上動作為右穿梭。

要點：

左右穿梭分動較多，但在運動過程中要保持身體正直、斂臂沉胯，重心平穩，「收腳抱球」、「弓步架椎」動作要協同一致。

（十九）海底針

1.跟步提手

右腳向前跟進半步，身體

圖 137

圖 138   圖 139

重心移向右腿，並屈膝微蹲，左腳稍提起；同時，身體稍向右轉，右手下落經體前向後、向上提至耳側，手心向左，指尖斜向前下，左手微向前、向下落，手心向下，指尖向前，眼看右前下方（圖 138）。

2.虛步插掌

上動不停，身體左轉，左腳稍前移，腳尖點地成左虛步，同時右手由右耳旁，斜向前下方插出，掌心向左，指尖斜向下；左手向下、向後劃弧落於左胯旁，手心向下，指尖向前，眼看前下方（圖 139）。

要點：

身體要先向右轉，再向左轉；上體不可過於前傾，不要低頭、彎腰、凸臀。

（二十）閃通臂

1.提手提腳

上體微上起豎直，右手向上提起與胸同高；同時，左手向前、向上劃弧於右前臂內側；在兩臂前上舉的同時，左腿屈膝，左腿微提起（圖 140）。

2.邁步翻掌

左腳向前邁出一步，腳跟先落地，腳尖翹起；同時，右手由體前上提內旋，掌心翻向外，左手向前上於右前臂內側，指尖向上，掌心朝右。眼看右手（圖 141）。

3.弓步推掌

身體重心前移，左腳尖下落全腳掌踏實，左腿屈膝

圖 140

圖 141　　　　圖 142

前弓成左弓步；同時，身體微右轉，右手向上劃弧舉於頭的右上方，掌心斜向上。左臂向前推出，掌心向右前方，掌指斜向上，同鼻高，臂微屈；眼看左手（圖 142）。

要點：

①右手上提，左手隨舉於右前臂內側與左腳微提起要協調一致。

②移重心成左弓步與兩手架推動作要協調一致。

③動作定勢時，上體保持正直，鬆腰、沉胯。

（二十一）轉身搬攔捶

1.後移扣腳

身體重心移至右腿，左腳腳尖翹起內扣，身體右轉，同時右手隨轉身向右、向下劃弧落成右側舉，指尖朝上，掌心向外。左手向上、向右劃弧於頭左側，掌心斜向上，指尖斜向右上方，眼看右手（圖143）。

2.轉身握拳

身體重心再移向左腿並屈膝，隨著身體繼續微向右轉，同時右手握拳向下、向左經腹前劃弧至左肋旁，拳心向下。左掌向上舉於頭前，掌心斜向上，眼看右前方（圖144、圖144附）。

3.撇腳搬拳

身體右轉，右拳經胸前向前翻轉搬出（也就是右手經胸前以肘關節為軸向上、向前搬打），拳心朝上，拳背為力點。左手落於左胯旁，掌心向下，掌指向前；同時，右腳收經左腳內側向右前方邁出，腳尖外撇，腳跟落地；眼看右拳（圖145）。

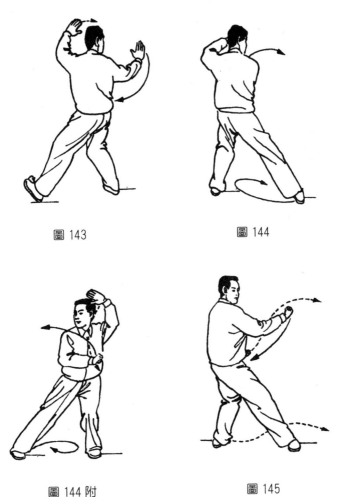

圖 143　　　　　　　　　　　　圖 144

圖 144 附　　　　　　　　　　圖 145

以上動作為搬拳。

4.上步攔掌

身體重心移至右腿，身體右轉；右腳向前邁出一步

圖 146　　　　　　　　　圖 147

，腳跟著地；同時左手向左經身體的左側向前劃弧攔出，掌心向前下方。右拳內旋，拳心轉向下，向右、向後劃弧外旋收至右腰旁，拳心向上，眼看左手（圖 146）。

以上動作為攔掌

5.弓步打拳

重心前移，左腿屈膝前弓成左弓步；同時，右拳向前打出，拳眼向上，與胸同高，左手微微回收，附於右前臂內側；眼著右拳（圖 147）。

以上動作為打捶。

要點：

①右拳搬打與右腳外撇落地動作要同時完成。

②上左步與左手弧形向前攔掌動作要同時完成。

③前移重心成弓步與右拳打出動作要同時完成。

④成弓步打拳時，上體不要前傾，要鬆腰、沉胯，上體正直。

圖 148　　　　　　　　圖 149

（二十二）如封似閉

1.穿手翻掌

身體重心微前移，左手由右腕下向前穿出，右拳變掌，兩手手心逐漸翻轉向上並分別向左右兩側慢慢分開與肩同寬；眼看兩手（圖148、149）。

2.後坐收掌

上動不停，重心移向右腿，身體後坐，左腳尖翹起；同時兩臂屈肘，兩手回收經胸前內旋向下按於腹前，掌心均朝前下方，眼看前方（圖150、151）。

3.弓步推掌

上動不停，身體重心慢慢前移，左腳尖下落全腳踏實，左腿屈膝，前弓成左弓步。同時兩掌由腹前向前上推出，兩臂微屈，掌心向前，掌指斜向上，腕與肩高。眼平看前方（圖152、153）。

圖 150　　　　　　　　圖 151

圖 152　　　　　　　　圖 153

要點：

　①身體重心後坐時，上體不要後仰挺腹，要保持上體正直。

圖 154   圖 155

②弓步時不要凸臀；兩手向前推出的寬度不要超過兩肩。

（二十三）十字手

1.轉體分舉

身體後坐重心移向右腿，左腳尖翹起內扣，身體右轉；右手隨轉體向右平擺劃弧，與左手成兩臂側平舉，掌心向外，兩肘微屈。同時右腳隨之稍向右擺，成右側弓步，眼看右手（圖 154、155）。

2.收腳合抱

身體重心慢慢移至左腿，右腳尖內扣，隨即向左收回，兩腳相距與肩同寬，兩腿逐漸伸直成開立步；同時兩手向下經腹前向上劃弧交叉合抱於胸前，兩臂撐圓腕同肩高，右手在外成十字手，手心均向後，眼平看前方（圖 156、157）。

圖 156　　　　　　　　圖 157

要點：

①移重心成側弓步與兩手分舉要緩慢、協調一致。

②收腿開立時，注意上體保持正直，不要彎腰、凸臀。

（二十四）收勢

1.翻掌舉臂

兩手同時內旋翻掌，掌心向下；同時，兩手臂向前，左右分舉與胸同高、與肩同寬，兩臂微屈，眼平看前方（圖 158）。

2.落手垂臂

兩手臂緩緩下落至身體兩側，兩臂自然下垂；眼仍平看前方（圖 159、160）。

3.收腳還原

身體重心緩緩移於右腿，左腳腳跟、腳尖依次離開地面約 5 公分，緩緩收腳落於右腳內側，腳尖、腳跟依

圖 158　　圖 159　　圖 160　　圖 161

次著地，使身體重心落在兩腿之間，自然直立，眼看前方（圖 161）。

要點：

①兩手臂下落要緩慢柔和，兩手心向下有按勁。

②兩手下按時，呼氣沉於丹田。

③斂神，意氣歸元。

分段提示

第四段有十個動作，從動作運動路線分，實際有六個動作名稱，七個勢子，最後加上回身四個動作收勢。

該段有「左蹬腳」、「下勢獨立」等動作連貫起來起伏較大，「海底針」、「轉身搬攔捶」動作協調性較強，是該套路的技術難度高潮。

蹬腳、下勢獨立重心要在支撐腳上，兩手臂配合要協同一致，掌握好身體的平衡，「海底針」、「搬攔捶」技術關鍵是處理好上下肢及身體的同步運動，這樣練起來就能連貫、協調、順遂。

24 式太極拳

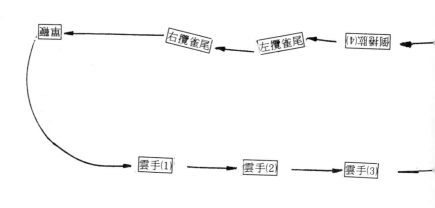

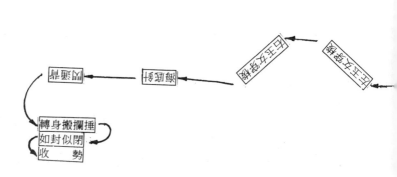

動作路線示意線

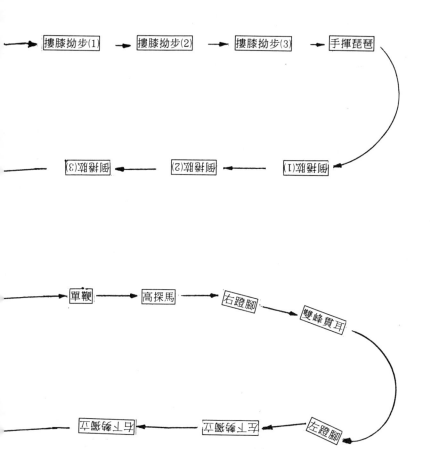

小　結

1. 24 式太極拳，雖 24 個動作名稱，但每動還包含有好幾個勢子，動作與動作之間的銜接也有不同的方法，因此要想掌握它，練得好，必須按分動一招一勢的學習，一動一動的記，不能跟著別人照葫蘆畫瓢。

2. 整套動作學完後要練，只有多練，才熟能生巧，拳諺：「拳打千遍，身法自然。」

3. 鍛鍊身體要持之以恆，要「練」、「悟」結合，這樣技藝才能不斷提高。

第三章　32 式太極劍

一、劍的基本知識

（一）古代劍器

我國劍史悠久，經科學鑒定，在博物館收藏的商代「人頭紋青銅劍」，距今已有三千多年的歷史，到了唐代，劍的形製基本固定。

劍器的衍製，推動了劍術運動的發展，同時也促進了劍術理論的完善和提高。在春秋戰國時期，越女不但精於劍術，而且她的劍術理論也特別深奧，闡述了動與靜、快與慢、攻與守、虛與實、內與外、順與逆等矛盾的辯證關係，可見當時劍術水平已發展到相當程度。秦、漢、三國時期，一個統一的多民族的封建王國的建立，使武術在政治、經濟、文化繁榮安定的條件下，出現了「劍舞」、「刀舞」等舞練形式。

到了唐代，劍術逐漸脫離軍事實用性，向套路技術迅速發展，從「公孫大娘舞劍」的記載可以說明。明清是武術全盛時期，除了劍器外，亦有十八般兵器，一直發展至今。

古劍的構造，有鋒、有鍔、有脊、有鋏、有鐔。為使大家更明白古劍的結構名稱與現代劍的結構名稱的變

化，下面對照說明如下：

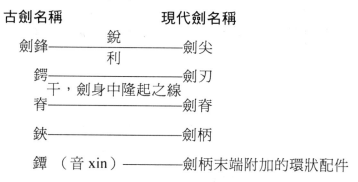

關於古劍製劍的長度分別是：劍身為劍柄的五倍為上製劍，上士佩帶；劍身為劍柄的四倍為中製劍，中士佩帶；劍身為劍柄的三倍長為下製劍，下士佩帶。一般劍柄長為 5 寸，以上三種劍的長度分別應是 3 尺、2.5尺、2 尺。

關於古製劍的重量分別是：重九鋝；重七鋝；重五鋝。「鋝」是古時的重量單位，約合六兩。

那麼上製之劍則重 3 斤 8 兩左右；中製劍重則為 2斤 7 兩左右；下製劍重約 2 斤。衍製至今，劍長 1 尺左右；重 2 斤以下。

正因劍長為三尺，故劍又名「三尺」，因此在《漢書‧高帝記》；「吾以布衣提三尺，取天下」；洪秀全在《劍詩》中有「手提三尺定山河」等，可見當時劍在軍事上的作用及在社會上的廣泛應用。

（二）32 式太極劍概述

這套劍是根據傳統的楊式太極劍套路改編的。全部

動作除「起勢」和「收勢」之外，共選定了 32 個主要姿勢動作。整個套路分為 4 段（組）每段（組）8 個動作，從起勢到收勢往返共兩個來回（4 段）；練習時間大體需要 3 分鐘左右。

　動作中包括抽、帶、撩、刺、擊、掛、點、劈、截、托、掃、攔、抹等主要劍法和各種身法、步法。可以單人獨立練，也可以集體練習。通過這些主要姿勢動作的練習，既可以更好地增強體質，又能增加習者的鍛鍊興趣，以達到修身養性，益壽延年之目的。

二、主要劍法及規格說明

32 式太極劍，主要劍法有點劍、刺劍、掃劍、帶劍、劈劍、截劍、捧劍、撩劍、攔劍、掛劍、抹劍等。

（一）劍法規格要求：

1.點劍

立劍、提腕，使劍尖由上向前下點擊，臂自然伸直，力達劍尖下鋒。

2.刺劍

立劍或平劍，向前直出為刺，勁達劍尖，臂與劍成一直線。平刺劍，劍尖與胸平；上刺劍，劍尖高與頭平；下刺劍，劍尖與膝平，探刺劍，臂內旋，手心向外，劍經肩上側向前上方立劍刺出。

3.掃劍

平劍（劍成水平），向左（右）平擺，擺幅大於 90 度，劍高不過腰，勁貫劍刃。

4.帶劍

平劍，由前向左（右）屈臂回抽為帶，腕高不過胸，劍尖斜向前，勁貫劍身中、後部。

5.劈劍

立劍，自上向下為劈，力達劍身 ，掄劈劍則將劍掄一立圓，然後向前下劈。

6.截劍

劍身斜向上或斜向下為截，勁達劍身前部。上截劍斜向上，下截劍斜向下。

7. 捧劍

兩手心翻轉向上，由兩側向胸前相合，左手劍指捧托在右手背下，劍尖向前，略高於腕。

8. 撩劍

立劍，由下向上方為撩，勁達劍刃前部，正撩劍前臂外旋，手心向上，貼身弧形撩起；反撩劍前臂內旋，手心向下，貼身弧形撩起。

9. 攔劍

左（右）攔劍：立劍，臂內旋（外旋），由左下（右下）向右前方（左前方）攔出，腕與頭平，劍尖向左（右）前下，勁貫劍前刃。

10. 掛劍

立劍，劍尖由前向下、向同側或異側貼身向後掛出，勁貫劍身前部。

11. 抹劍

平劍，劍從一側經體前弧形向另一側回抽為抹，高度在胸腹之間，勁貫劍身。

（二）指法、握法

太極劍的手型主要是劍指：中指與食指伸直併攏，其餘三指屈於手心，拇指壓在無名指和小指的第一指節上。

太極劍的手法指握劍的方法，一般有兩種握劍的方法。

1. 持劍

手心貼緊護手，食指附於劍柄，拇指和其餘手指扣緊護手，劍脊輕貼前臂後側。

2.握劍

①正握

立劍（刃向上下），小指側在刃下方。

②反握

立劍，小指側在刃上方。

③俯握

平劍（刃向左右），手心向下。

④仰握

平劍，手心向上。

握劍時應注意：

第一，手腕要鬆，手指要活，手心要空。

第二，握劍以拇指、食指、中指為主，無名指、小指配合，隨動作變化靈活掌握，時握時鬆，順其自然。

三、動作名稱及分動提示

【預備動作】

（一）預備式

    1.併步持劍

    2.並立持劍

（二）起勢

    1.兩臂平舉

    2.屈蹲舉指

    3.弓步前指

    4.上步穿柄

    5.弓步接劍

【第一段】

（一）併步點劍

（二）獨立反刺

    1.撤步抽劍

    2.丁步上挑

    3.獨立反刺

（三）仆步橫掃

    1.落步劈劍

    2.仆步橫掃

（四）向右平帶

    1.收腳送劍

    2.上步翻劍

    3.弓步右帶

（五）向左平帶
    1. 收腳送劍
    2. 上步翻劍
    3. 弓步左帶

（六）獨立掄劈
    1. 收腳翻劍
    2. 獨立掄劈

（七）退步回抽

（八）獨立上刺
    1. 轉身進步
    2. 獨立上刺

（九）虛步下截

（十）左弓步刺
    1. 撤步送劍
    2. 活步捲劍
    3. 弓步平刺

【第二段】

（十一）轉身斜帶
    1. 提膝收劍
    2. 弓步斜帶

（十二）縮身斜帶
    1. 活步插指
    2. 撤步斜帶

（十三）提膝捧劍
    1. 撤步分手
    2. 提膝捧劍

（十四）跳步平刺
　　1. 落腳收劍
　　2. 蹬地刺劍
　　3. 跳步收劍
　　4. 弓步平刺
（十五）左虛步撩
　　1. 收腳擺劍
　　2. 左虛步撩
（十六）右弓步撩
　　1. 轉身繞劍
　　2. 弓步撩劍

【第三段】
（十七）轉身回抽
　　1. 轉身引劍
　　2. 弓步劈劍
　　3. 虛步前指
（十八）併步平刺
（十九）左弓步攔
　　1. 轉身抽劍
　　2. 左弓步攔
（二十）右弓步攔
（二十一）左弓步攔
（二十二）進步反刺
　　1. 蓋步後刺
　　2. 弓步反刺

【第四段】

（二十三）反身回劈

（二十四）虛步點劍

（二十五）獨立平托

    1. 叉步繞劍

    2. 獨立平托

（二十六）弓步掛劈

    1. 落步掛劍

    2. 弓步劈劍

（二十七）虛步掄劈

    1. 轉身反撩

    2. 虛步劈劍

（二十八）撤步反擊

（二十九）進步平刺

    1. 提膝收劍

    2. 弓步平刺

（三　十）丁步回抽

（三十一）旋轉平抹

    1. 擺腳橫劍

    2. 扣腳平抹

    3. 撤步分手

（三十二）弓步直刺

　　收勢

    1. 轉身抽劍

    2. 接劍開立

    3. 併步持劍

四、動作分動提示說明

預備動作

（一）預備式

1.併步持劍

兩腳併攏，身體直立，兩臂自然垂於身體兩側，左手持劍，劍身輕貼在臂後側，劍尖朝上，眼平看前方（圖1）。

2.開立持劍

身體正直，左腳腳跟、腳尖依次提起稍離開地面，向左橫跨半步，腳尖、腳跟依次落地成兩腳開立，與肩

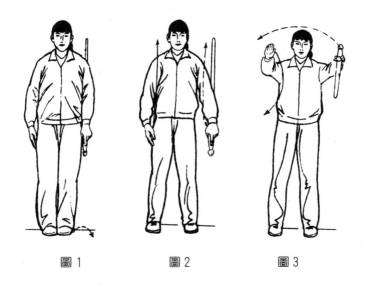

圖1　　　　圖2　　　　圖3

同寬，腳尖向前。眼仍看前方（圖2）。

要點

上體要自然，不要故意挺胸、收腹，劍在左臂後不要觸及身體。開立步後，右手成劍指，兩臂微外展。

（二）起勢

1.兩臂平舉

兩臂慢慢向前平舉，高與肩平，手心向下；眼看前方（圖3）。

要點：兩臂上起時，不要用力，兩手寬度不超過兩肩。劍身在左臂下要平，劍尖不可下垂。

2.屈蹲舉指

上動不停，左手持劍向上、向右劃弧屈肘於胸前，手心向下，劍尖朝左，右手劍指向下劃弧經右腹前時劍指外旋，手心轉向上，然後繼續向右、向上、向前劃弧

圖4　　　　　　　圖5

舉至身體右前方，同肩高，臂微屈，手心朝左後方，眼看右劍指（圖4、5）。

要點：

①屈膝下蹲時，上體保持正直、劍臂，在屈膝成半蹲時，重心移向右腿，同時左腳跟提起。

②兩膝屈蹲與左手持劍於胸前、劍指右舉要協調一致。

3.弓步前指

身體向左轉體，左腳提起向左側前方邁出成左弓步；左手持劍隨即經體前向左下方摟至左胯旁，劍身於左臂後，劍尖向上；同時右手劍指由右前方屈肘上舉經耳旁隨轉動方向向前指出，高與眼平；眼先向右看，然後向前看右劍指（圖6）。

要點：

左臂向體前劃弧時，身體要先微向右轉，身體重心

圖6

在右腳，右腳放穩之後再提左腿。

「弓步前指」過程中，上體先微轉，隨即左腳邁出，腳跟先著地，而後重心前移成左弓步；弓步與前指要協同一致。

4.上步穿柄

左臂屈肘上提，左手持劍（手心向下），劍柄經胸前從右手上穿出，右劍指翻轉（手心向上），並慢慢下落撇至右後方（手心仍向上），兩臂側前平舉，身體右轉；與此同時，右腳提起向前橫落，腳尖外撇，兩腿交叉，膝部彎屈，左腳跟離地，身體稍向下坐，成半坐盤勢；眼向後看右手（圖7）。

要點：

左右手必須在體前交錯分開，右手後撇與身體右轉動作要協調一致。

圖7

圖8

5.弓步接劍

右腳和左手持劍的位置不動,左腳前進一步,成左弓步;同時身體向左轉,右手劍指隨之經頭部右上方向前落於劍把之上,準備接劍;眼平看前方(圖8)。

要點:動作時應先提腿和向左轉頭,然後再舉起右臂向前下落。兩臂不要僵直,兩肩要放鬆,上體保持自然。

第　一　段

(一)併步點劍

左手食指向中指一側靠攏,右手鬆開劍指,虎口對著護手,將劍接換過來,並使劍在身體左側劃一立圓,然後劍尖向前下點,劍尖略向下垂,右臂要平直;左手

圖9

變成劍指，附於右手腕部；同時右腳前進向左腳靠攏併齊，腳尖向前，身體略向下蹲；眼看劍尖（圖9）。

要點：

劍身向前繞動時，兩臂不可高舉。右手握劍繞弧只用手腕繞動即可。點劍時，提腕力注劍尖下鋒。

（二）獨立反刺

1.撤步抽劍

右腳向右後撤一步，隨之身體微右轉，重心移向右腿並屈蹲，左腿膝微屈；同時右手持劍沉腕向下抽劍於右腹前，手心朝內，劍尖朝左前上方，左劍指仍扶於右腕內側，眼看劍尖方向（圖10）。

要點：

右腳後撤，重心後移與右手向右下抽劍要同時。

圖 10

2.丁步上挑

身體繼續右轉，左腳收至右腳內側，腳尖點地；同時，右手持劍經體前下方撤至右側，右腕外旋下沉，使劍尖上挑；左手劍指隨劍回撤，停於右肩旁；眼看劍尖（圖11）。

3.獨立反刺

上體左轉，左腳提起，成獨立式，腳尖下垂；同時右手漸漸上舉，使劍經頭部

圖 11

圖 12

前上方向前刺出（拇指向下，做反手立劍），劍尖略低，力注劍尖；左手劍指則經下頦處隨轉體向前指出，高與眼平；眼看劍指（圖 12）。

要點：

分解動作中間不要間斷。獨立姿勢要穩定，身體不可前俯後仰。

（三）仆步橫掃

1.落步劈劍

上體右轉，劍隨轉體向右前方劈下，右臂與劍平直，左劍指落於右腕部；在轉體的同時，右膝前弓，左腿向左橫落撤步，膝部伸直；眼看劍尖（圖 13）。

2.仆步橫掃

身體向左轉，左手劍指經體前順左脇反插，向後、

向左上方劃弧舉起至左額前上方，手心斜向上；右手持
劍翻掌，手心向上，使劍由下向左上方平掃，力在劍刃

圖 13

圖 14

中部，劍的高度與胸平；在轉體的同時，右膝彎屈成仆步；接著身體重心逐漸前移，左腳尖外撇，左腿屈膝，右腳尖裡扣，右腿自然伸直，變成左弓步；眼看劍尖（圖14）。

要點：

以上兩個分解動作，要連貫進行。仆步是過渡動作，而後形成弓步，身體始終保持正直。

（四）向右平帶

1.收腳送劍

身體重心前移，左腿屈膝支撐重心，右腿提起，右腳收於左腳踝關節內側；同時右手持劍向前引伸前送，手心仍向上，左劍指慢慢下落附於右腋上，手心向下，眼看劍尖方向（圖15）。

圖15

2.上步翻劍

右腳繼續向右前方上一步，腳跟著地，同時右手持劍內旋，手心轉向下，左劍指仍附於右手腕上，眼仍看劍尖方向（圖16）。

3.弓步右帶

身體重心前移成右弓步；同時右手持劍向右斜方慢

慢回帶，屈肘握劍，手帶至右肋前方，勁力是貫注在右劍刃，劍尖略高於手，左劍指仍附於右腕部，眼看劍尖方向（圖17）。

圖 16

要點：

①收腳與右手劍向前引伸送劍動作要同時完成。

②出腳上步與右手劍翻轉要同時。

③移重心成弓步與右手劍向斜側方回帶要協調一致。

圖 17

④帶劍完整動作要連貫，上下肢動作配合要協調。

（五）向左平帶

1.收腳送劍

身體重心前移，右腿支撐重心，左腿提起，左腳收於右腳踝關節內側；同時右手劍向前引伸前送，手心仍向下，左劍指仍附右腕部，眼看劍尖（圖18）。

圖 18

2.上步翻劍

左腳繼續向左前方上一步，腳跟著地；同時右手持劍外旋，手心轉向上，左劍指向下，向左劃弧於左胸前，手心朝下，眼仍看劍尖方向（圖19）。

3.弓步左帶

身體重心前移成左弓步；同時右手持劍向左斜方慢慢回帶，屈肘、握劍手帶至左肋前方，勁力貫注在左劍刃，劍尖略高於手，左手劍指經左腹部向左上方劃弧舉

至左額上方，手心斜
向上，眼看劍尖方向
（圖20）。

　　要點：

　　與「向右平帶」
動作的要點相同，惟
左右對稱。

（六）獨立掄臂

　　1.收腳翻劍

右腳收至左腳內側，
腳尖著地；左手劍指
從頭部左上方落至右
腕部；然後身體左轉
，右手抽劍由前向下

圖19

圖20

、向左劃弧，經身體左下方內旋翻腕，手心朝外，劍橫置
於左胸前，眼看劍尖方向（圖21、22）。

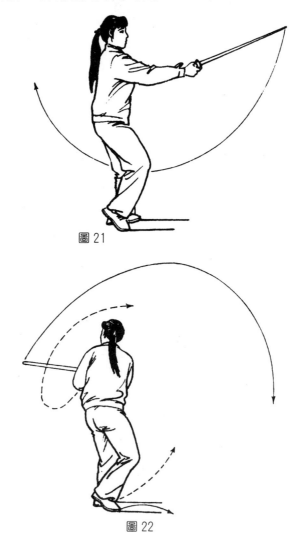

圖 21

圖 22

圖 23

2.獨立掄劈

　　右腳向右前方上一步，身體右轉，隨之右手劍上舉，向右側下方立劍劈下，力在劍下刃；左手劍指則由身體左側向下、向右轉至左額上方，手心斜向上；在掄劈劍同時，左腿屈膝提起，成獨立步；眼看劍尖（圖23）。

　　要點：

　　劈劍時，身體和頭部先向左轉，然後隨劍的掄劈方向再轉向右側方。提膝和劈劍要協調一致，整個動作過程要連貫不停。

（七）退步回抽

　　左腳向左後落下，屈膝，右腳隨之撤回半步，腳尖點地，成右虛步；同時，身體左轉，右手劍抽回，劍把靠近左肋旁邊，手心向裡，劍面與身體平行，劍尖斜向

圖 24   圖 25

上，左手劍指下落附於劍把上；眼看劍尖（圖 24）。

要點：

右腳回撤與劍身回抽動作要一致。上體保持正直。

（八）獨立上刺

1.轉身進步

身體微向右轉，右腳前進一步，腳跟先落地，然後身體慢慢前移，至右腿支持重心；同時，右手持劍隨轉體，劍柄置於腹前，劍尖斜朝上，左手劍仍附於右腕處；眼看劍尖方向（圖 25）。

2.獨立上刺

左腿屈膝提起，右腿支撐重心，成獨立式；同時，右手劍向前上方刺出（手心向上），勁力貫注劍尖，劍尖的高度與眼相平；左手仍附在右手腕部；眼看劍尖（圖 26）。

圖 26

要點：

獨立上刺時，上體微向前傾，獨立式要平衡穩定。

（九）虛步下截

左腳向左後方落步，右腳隨即微向後撤，腳尖點地，成右虛步；同時上體向左再向右轉；右手劍隨身體轉動經體前向左向下，右按（截），力注劍刃，劍尖略下垂，高與膝平；

圖 27

左劍指由左後方繞行至左額上方（掌心

斜向上）；眼平視右前下方（圖27）。

　　要點：左腳變虛步與劍向下截要協調一致。如面向南起勢，定式虛步方向應是正東偏南約30度。

（十）左弓步刺

1.撤步送劍

　　左腳向右後方回撤一步；同時右手持劍向前、向上立劍前送舉起，同胸高，左手劍指下落附於右腕部；眼看劍尖方向（圖28）。

圖28

2.活步捲劍

　　身體右轉，重心移向右退，膝微屈，左腳隨之收右腳踝關節內側後再左前方邁出，腳跟著地；同時右手持劍隨身體右轉經面前向後、向下抽捲，外旋至腰側，手心轉向上，左手劍指隨後手附於右腕部；眼看右前下方（圖29）。

3. 弓步平刺

身體左轉，重心前移成左弓步，隨之右手持劍向左前方刺出，手心朝上同胸高。左手劍指經腹前向左、向上劃弧至左額前上方，手心斜向上，臂微屈，眼看劍尖方向（圖 30）。

圖 29

要點：1～3 分動要連貫圓活，轉腰帶劍動作協調一致。左弓步刺劍定位方向東偏北約 30 度。

圖 30

第一段提示：

在第一段的十個動作中，有仆步、弓步、獨立步，特點是以平穩為主，步法以上步為主，運動速度是緩慢均勻、穩健。劍法主要以點、刺、平帶、劈等基本劍法為主。

本段中，動作難度不大，但動作協調性強，對腿部的控制能力要求較高，因此在演練時，特別要求動作一招一勢，步型步法正確、規範，劍法要清楚。運動中身、械要順遂、協調。該段動作平穩，出現了三次獨立平衡，可見演練中對腿部力量及單腿支撐控制能力要求很高，因此，我們平時練習之前要多做增強腿部力量的練習，像馬步樁、虛步樁、提膝控腿等動作練習，這樣才能夠更好、更快地提高演練技術水平。

第　二　段

（十一）轉身斜帶

1.提膝收劍

身體重心後移，左腳尖裡扣，上體後轉，隨後身體重心又移至左腳上，右腳提起，貼在左腳內側；同時，右手劍收回橫置胸前，手心仍向上；左劍指落在右手腕部；眼看左方（圖31）。

2.弓步斜帶

上動不停，向右後45度轉體，右腳向右側方邁出，成右弓步；同時右手劍隨劍體翻腕，手心向下並向體右側帶劍（劍尖略高），力在外側劍刃；左劍指仍附於右手

腕部；眼看劍尖（圖 32）
。

要點：

　　身體右後轉，向右側
方邁出成右弓步，與向右
帶劍要協調一致，力求平
穩。轉身斜帶弓步方向應
轉為正西偏北約 30 度。

（十二）縮身斜帶

1.活步插指

　　身體重心全部移至右
腿，並屈膝支撐重心，左
腳提起收經右腳內後方時
，左臂屈肘，左手劍指向
下，向左劃弧經體側屈腕
於左肋旁，手心朝上，指
尖朝後，動作不停，左腳
繼續再向左後方落下，左
膝微屈時劍指繼續由左肋
向左後方反插、沈肩成左
後舉，手心朝後，指尖朝
左，右手持劍向右屈臂外
展，手心仍朝下，眼看右
前方（圖 33）。

2.撤步斜帶

身體重心移至左腿，右腳撤至左腳內側，腳尖點地；同

圖 31

圖 32

圖33

時右手翻轉手心向上
，使劍向左側回帶（
劍尖略高於劍柄），
勁力貫注在外劍刃，
左手劍指繼續向左、
向上、向前繞行劃弧
，落於右手腕部，手
心朝下，眼看劍尖方
向（圖34）。

圖34

要點：

①左腳活步回落
與劍指向左肋方反插
，要協調一致。

②撤左腳與右手劍左帶要協調一致。

（十三）提膝捧劍

1.撤步分手

右腳後退一步，左腳也微向後撤，腳尖著地；同時兩手平行分開，手心都向下，劍身斜置於身體右側，劍尖位於體前，劍指置於身體左前側，指尖朝右前方，眼看前方（圖35）。

2.提膝捧劍

左腳略向前活步，右膝向前提起成獨立式；同時左手劍外旋，手心轉向上，劍把與左手（劍指變掌）在胸前相合，左手捧托在右手背下，兩臂微屈，劍在胸前，劍身直向前方，劍尖略高；眼看前方（圖36）。

要點：

以上兩個動作要連貫不停。獨立步左腿自然蹬直，右腿提膝，腳尖下垂。上體

圖35

圖36

保持自然、平穩。

（十四）跳步平刺

1.落腳收劍

左腿屈膝下蹲，上體中正斂臀，右腳向前落步，腳跟先著地，同時，兩手捧劍向下向後回收，眼看前下方（圖37）。

2.蹬地刺劍

身體重心前移，右腳掌踏實，然後左腳尖用力蹬地，左腳跟提起，兩腿自然伸直，同時兩手捧劍向前伸刺同胸高，兩手心均朝上，眼看前方（圖38）。

圖37

3.跳步收劍

身體重心繼續前移，左腳尖繼續用力蹬地，當左腳尖離開地面時，隨即向前跳進一步踏實並屈蹲，右腳在左腳將落未落地時，迅速向左腳內側收攏（腳不落地）；同時兩手分開撤回身體兩側，兩手心均朝下，左手變劍指於左胯旁，指尖朝前；眼看前方（圖39）。

4.弓步平刺

右腳再向前上一步，成右弓步；同時，右手劍向前平刺（手心向上），勁力貫注劍尖；左手劍指由左後方

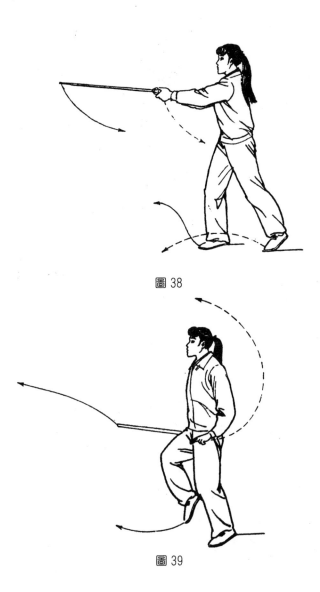

圖 38

圖 39

圖 40

上舉，繞至左額上方，手心斜向上；眼看劍尖方向（圖40）。

要點：

①四個分動要連貫完成，各分動之間的銜接要做到順遂自然。

②躍步收劍時，一定要做到落腳跟步，兩手分至胯兩側，動作要整齊合一，腳到手到，並且支撐重心的左腿要微屈站穩。

③弓步刺劍時，要先上步腳跟著地再移重心成弓步刺劍，動作要協調一致。上體要自然正直，胯關節下沈，左膝要微屈。

（十五）左虛步撩

1.收腳擺劍

身體重心後移至左腿上，上體左轉，右腳回收，腳尖點地於左腳內側約 30 公分處；同時，右手持劍隨身體轉動微內旋，使劍向上、向左經面前向左擺於上體左前方，手心朝內，劍尖朝左前上方，同額高，左手劍指隨身體左轉時向左向下劃弧落附於右腕部，手心朝下，眼看劍尖方向（圖41）。

2.左虛步撩

上動不停，右腳再向前活半步，腳跟著地，腳尖外撇，而後身體右轉，身體重心前移至右腿並屈膝支撐重心，左腳隨即前上一步，腳尖點地，成左虛步；同時右手持劍隨身體右轉，繼續向左、向下內旋，向上劃弧立劍撩出，手心向外，力貫注在劍刃前部，劍把停於頭前，劍尖略低；左手劍指隨右手繞轉仍附右腕部；眼看前

圖41

圖 42

方（圖 42）。

　　要點：

　　①撩劍的路線必須沿體前劃一立圓。

　　②左手劍指須下落到左肋側再與右手相合。

　　③身體先左轉再右轉，帶動右手劍向左向右繞轉撩劍，須以身帶劍，身械要協調。

（十六）右弓步撩

1.轉身繞劍

　　身體向右轉，右手劍向上、向右繞，於體右側立劍平舉，手心朝前，左劍指隨劍繞行附於右臂內側，眼看劍尖方向（圖 43）。

2.弓步撩劍

　　上動不停，左腳向前墊步，腳跟著地，腳尖外擺，

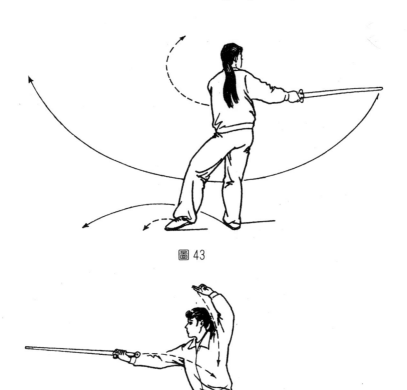

圖 43

圖 44

並隨重心前移，左腿屈膝支撐重心，隨之身體左轉，帶動右腳向前上一步，成右弓步；同時右手劍繼續由右向下、向前經體側立劍撩出，前臂外旋，手心向外，劍與肩平，劍尖略低，勁力貫注在劍的前部，左手劍指則繼

續向下、向左、向上繞行至左額上方，手心斜向上，眼看劍尖方向（圖44）。

　　要點：

　　①身體右轉再左轉，右手持劍經體右側立掄成圓撩出，身械要協調順遂。

　　②眼神應隨劍的繞擺向右、向前看。

　　③整個動作要連貫合順、穩健。

第二段提示：

　　在第二段的六個動作中，步法靈活，有多處動作中都出現了活腳上步、落腳撤步、跳步跟腳等靈活的步法，這樣身轉步活，身劍順遂協調，劍法運轉圓活連貫。

　　從劍法來看，此段動作中，重點突出了平帶劍與撩劍。左右斜向平帶劍顯得柔活穩健；左右撩劍立掄呈圓，動作幅度較大。

　　此段中，「跳步平刺」這一動共分四個小分動：第一分動「落步收劍」動作要緩柔，重心體現一個「緩」字。第二分動「蹬腳刺劍」，動作要舒展，肢體要展開，重點突出一個「展」字。第三分動「跳步收劍」動作要敏捷、穩健。第四分動「弓步平刺」，動作柔緩，沈穩。總之，在這一動作演練過程中，要體現出「緩、展、輕、靈、敏捷和平穩」的演練技巧。

　　要提高該段技術水平，除經常堅持練習外，還要不斷加強身體素質練習，如經常有加強腿部力量與單腿控制能力的練習，腿部有了控制能力，那麼兩腿的虛實轉換，步活身隨、身械合一等演練技術就會較快得到提高。

第 三 段

（十七）轉身回抽

1.轉身引劍

身體左轉，重心後移，右腳尖裡扣，左腳尖稍外展，右腿蹬直，左側弓步；同時左手持劍，將劍柄收引到胸前，劍身平直，劍尖朝右後，左手劍指仍附於右腕上，眼看右側方（圖45）。

2.弓步劈劍

身體繼續左轉，左腳以腳跟為軸，腳尖繼續外展成左弓步；同時隨轉體右手劍向左前方立劍劈下，勁力貫注在劍的下刃，劍身要平直，左手劍指仍附於右腕部，眼看劍尖方向（圖46）。

圖45

圖 46

圖 47

3.虛步前指

身體重心後移至右腿，右膝稍屈，左腳回撤，腳尖點地，成左虛步；同時，右手劍抽回至身體右側（劍尖微低）；左劍指收回再經胸前、下頦前向前指出，高與眼齊；眼看劍指（圖 47）。

要點：

①向左轉體時，要先扣右腳，再展左腳；右臂先屈向胸前再向左劈。

②左手劍指必須隨右手收到胸前，再向上弧形向前指出，前指與虛步要同時完成。

③全部動作要連貫協調。如果面向南起勢，此式方向則為東偏南（約 30 度）。

（十八）併步平刺

左腳略向左移，右腳靠攏左腳成併步，面向前方，身體直立；同時左劍指向左轉並向右下方劃弧，反轉變掌捧托在右手下，然後雙手捧劍向前平刺，手心向上，勁力貫注劍尖，高與胸平；眼看前方（圖 48）。

圖 48

要點：劍刺出後兩臂要微屈，併步和

刺劍要一致。體直立要自然，不要故意挺胸。如果面向南起勢，刺劍的方向為正東。

（十九）左弓步攔

1.轉身抽劍

兩腿屈膝微蹲，身體右轉，同時右手持劍隨體轉內旋翻腕後抽，劍柄置於右肩前，手心朝外，劍尖朝左前上方，劍尖稍高於頭，左手隨體轉變成劍指附於右腕部，手心朝外，指尖斜朝上，眼看劍尖方向（圖 49）。

2.左弓步攔

身體左轉，右腿屈蹲支撐重心，左腳向左前方進一步，左腿屈膝成左弓步；同時右手持劍隨身體向右向左轉，繼續向上、向右、向下、向左前方托起攔出，勁力貫注在劍上刃，劍身與頭平，前臂外旋，手心斜向裡；左劍指則向下向左向上繞行，停於左額上方，手心斜向

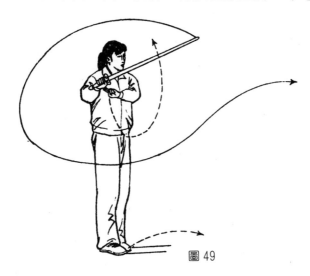

圖 49

圖 50

上，眼隨劍先向右看，最後平看前方（圖50）。

要點：身體應隨劍先向右轉再向左轉。右腿先微屈，然後邁左腳。左手劍指隨右手繞行，到右上方之後再分開。

（二十）右弓步攔

身體重心微向後移，左腳尖外撇，身體先向左轉再向右轉；在轉體的同時，右腳經左腳內側向右前方進一步，成右弓步；右手劍由左後方劃一整圓向左前托起攔出（前臂內旋，手心向外），力在劍刃，劍與頭平，左劍指附於右手腕部；眼看前方（圖51）。

要點：

以上兩動要連貫，劍的運動路線須劃一大圈，眼隨劍環視。

圖 51

（二十一）左弓步攔

身體重心微向後移，左腳尖外撇，其餘動作及要點
與前「右弓步攔」相同，只是方向相反。右手劍攔出時

圖 52

，右臂外旋，手心斜向內（圖52）。

（二十二）進步反刺

1.蓋步後刺

身體向右轉，右腳向前橫落蓋步，腳尖外撇，左腳跟離地成半坐盤勢；同時，右手劍劍尖下落，左劍指下落到右腕部，然後劍向後方立劍刺出，左劍指向前方指出，手心向下，兩臂伸平，右手手心向體前；眼看劍尖方向（圖53）。

2.弓步反刺

身體左轉，左腳前進一步，成左弓步；同時，右前臂向上彎屈，劍尖向上挑掛，繼而向前刺出（前臂內旋，手心向外，成反立劍），勁力貫注劍尖，劍尖略低；

圖53

圖 54

左手劍指附於右腕部；眼看劍尖（圖54）。

　　要點：以上兩動要連貫，弓步刺劍時身體不要過分向前傾斜。

第三段提示：

　　在第三段的六個動作中，步型以弓步為主，在該段中出現五次之多；劍法以攔劍為主，動作中連續出現三次攔劍，重點突出了攔劍這一劍法。因此，在該段動作演練過程中，動作表現得連續平穩、和諧。

　　在弓步演練過程中，要注意身體重心的虛實轉換，上步時要先落腳跟，重心前移，逐漸使前腳掌踏實，這樣才能虛實分明，步法穩健。

　　要注意劍的方向，應使劍向對側前方攔擋對方刺來的劍，這樣左擋右攔連續進擊，技擊意識逼真，使動作顯得生動活潑，氣勢飽滿。三個攔劍動作過程，是劍在

隨體轉劃斜立圓運動，動作要連貫圓活。同時，眼睛要看劍走，使意識引導動作，趣味無窮。

（二十三）反身回劈

身體重心先移至右腿，左腳尖裡扣，然後再移到左腿上；右腿提起收回（不停），身體右後轉，右腿隨即向前邁出成右弓步，面向中線右前方；同時，右手劍隨轉體由上向右後方劈下，力在劍下刃；左手劍指由體前經左下方轉在左額上方，手心斜向上；眼看劍尖（圖 55）。

要點：轉體和邁右腳成弓步劈劍要協調一致，弓步和劈劍方向為正西偏北（約 30 度）。

（二十四）虛步點劍

左腳提起，上體左轉，左腳向起勢方向墊步，腳尖

圖 55

圖 56

外撇，隨即右腳提起落在左腳前，腳尖點地，成右虛步
；同時，左手劍指隨轉體劃弧上舉向前下方點出，右臂
平直，劍尖下垂，力注劍尖，左劍指下落經身體左側向
上繞行，在體前與右手相合，附於右腕部；眼看劍尖（
圖 56）。

　　要點：點劍時，腕部用力，使勁力達於劍尖。點劍
與左腳落地要協調一致，身體保持正直。虛步和點劍方
向與起勢方向相同。

第　四　段

（二十五）獨立平托

1.叉步繞劍

　　右腳向左腿的左後方插步成高歇步；同時右手腕外
旋再內旋使右手劍由體前向上、向左、向下繞弧立劍於

圖 57

身體左胯旁，手心斜向下，劍尖朝左前上方，左手劍指仍附於右手腕部，手心朝下，指尖朝右前方，眼隨劍看左前方（圖57）。

2.獨立平托

上動不停，兩腳以腳掌為軸向右轉體，隨之左膝提起成獨立步，左腳尖自然下垂。在轉體的同時，左手劍繼續向下、向右上方立劍托起至額前上方，劍身略平，稍高於頭，勁力貫注在劍的上刃，左手劍指仍附於右腕部，手心朝外，指尖朝右後上方，眼看前方（圖58）。

要點：

①撤右腿時，右腳掌先落地，然後再以腳掌為軸向右轉；身體不要前俯凸臀。

②提膝獨立和向上托劍動作要協同一致，站穩。

（二十六）弓步掛劈

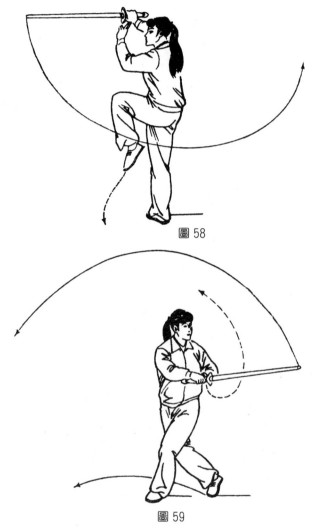

圖 58

圖 59

1.落腳掛劍

右腳向前橫落，身體左轉，兩腿交叉成半坐盤式，
右腳跟離地；同時右手劍向身體左後方穿掛，劍尖向後

圖 60

；左劍指仍附右腕上；眼向後看劍尖（圖 59）。

2.弓步劈劍

左手劍由左側翻腕向上再向前劈下，劍身要平，力在劍刃；左劍指則經左後方上繞至左額上方，手心斜向上；同時，右腳前進一步，成右弓步；眼向前看劍尖（圖 60）。

要點：

身體要先向左轉再向右轉，弓步掛劈劍動作要連貫。視線隨劍移動。

（二十七）虛步掄劈

1.轉身反撩

重心略後移，身體右轉，右腳尖外撇，左腳跟離地成交叉步；同時，右手劍由右側下方向後反手撩平，左劍指落於右肩前；眼向後看劍尖（圖 61）。

圖 61

圖 62

2.虛步劈劍

左腳向前墊一步，腳尖外撇，身體左轉，隨即右腳前進一步，腳尖著地，成右虛步；與此同時，右手劍由

右後翻臂上舉再向前劈下，劍尖與膝同高，力在劍刃；左劍指自右肩前下落經體前向左上劃圓再落於左前臂內側；眼看前下方（圖62）。

要點：

以上兩個分解動作要連貫，中間不要停頓。

（二十八）撤步反擊

上體右移，右腳提起向右後方撤一大步，左腳跟外轉，左腿蹬直，成右側弓步；同時，右手劍向右後上方斜削擊出，力在劍刃前端，手心斜向上，劍尖斜向上，高與頭平；左劍指向左下方分開平展，劍指略低於肩，手心向下；眼看劍尖（圖63）。

要點：

右腳先向後撤，再蹬左腳。兩手分開要與弓腿、轉體動作一致。撤步和擊劍方向為東北。

圖63

（二十九）進步平刺

1.提膝收劍

身體微向右後轉，左膝提起，腳尖自然下垂貼靠於右腿內側；同時，右手翻掌向下，劍身收回於右肩前，劍尖斜向左前；左劍指向上繞行落在右肩前；眼向前看（圖64）。

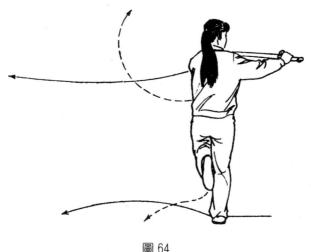

圖64

2.弓步平刺

身體向左後轉，左腳墊步，腳尖外撇，繼而右腳前進一步，成右弓步；同時，右手劍隨轉體動作向前方刺出，勁力貫注劍尖，手心向上；左劍指經體前順左肋反插，向後再向左上繞至左額上方，手心斜向上；眼看劍尖（圖65）。

要點：

左腿提起時，要靠近右腿後再轉身落步，待左腿穩

圖 65

定後再進右步，上下須協調一致。

（三十）丁步回抽

身體重心後移，右腳撤至左腳內側，腳尖點地，成右丁步；同時，右手劍屈肘回抽（手心向裡），劍提置於左肋部，劍身斜立，劍尖斜向上，劍面與身體平行，左劍指落於劍把之上；眼看劍尖（圖66）。

要點：

右腳回收和劍回抽要一致。上體須正直。

（三十）旋轉平抹

1.擺腳橫劍

右腳提起向前落步外擺，兩腳成「八」字形，同時上體稍右轉，右手劍內旋手心翻向下，劍身橫置胸前，左手劍指仍附於右腕部，眼看左前方（圖67）。

圖 66　　　　　　　　圖 67

2.扣腳平抹

身體重心移於右腿，上體繼續右轉，左腳隨即向右腳前扣步，兩腳尖斜相對，成內「八」字形，同時右手劍隨轉體向右平抹，勁力貫注在劍的外側刃，劍仍平直橫於胸前，左手劍指仍附於右腕部，眼看前方（圖68）。

3.撤步分手

上動不停，身體重心移向左腿，左腳

圖 68

圖69

以前腳掌為軸，身體向右後轉，右腳隨轉體向左腳左後方撤一步，身體重心後移，左腳隨之稍後收，腳尖點地，成左虛步；同時右手持劍隨轉體由左向右繼續平抹，勁力仍貫注在劍的外側刃，然後在身體重心後移，左腳尖點地成左虛步的同時，兩手於體前左右分開，置於兩胯旁，手心均朝下，劍身斜置於身體右側，劍尖位於體前，身體恢復起勢方向，眼平視前方（圖69）。

要點：

①擺腳、扣步及轉身要平穩自然。

②上體舒鬆正直，不要低頭彎腰。

③運動速度要均勻，動作連貫。

④從「丁步回抽」到「旋轉平抹」完成，轉體360度，這時身體仍回到起勢位置。

（三十二）弓步直刺

左腳向前進半步，成左弓步；同時，右手劍立劍直向前刺出，高與胸平，力注劍尖，左劍指附在右手腕部；眼看前方（圖70）。

要點：

弓步、刺劍要動作一致。

圖 70　　　　　　　圖 71

收　勢

1.轉身抽劍

身體重心後移向右腿，隨即身體向右轉；同時，右手劍向右後方回抽，手心仍向內；左手也隨即屈肘回收（兩手心內外相對），左手接握劍的護手；眼看劍身（圖 71）。

2.接劍開立

身體左轉，身體重心再移到左腿，右腳向前跟進半步，與左腳成開立步（與肩同寬，腳尖向前）；同時，左手接劍（反握），經體前下落垂於身體左側；右手變成劍指向下、向右後方劃弧上舉，再向前、向下落於身體右側，全身放鬆；眼平視前方（圖 72）。

3.併步持劍

身體重心移向右腿，隨之左腳腳跟、腳尖依次提起，收落於右腳內側成併腳站立，身體自然直立，兩手臂

仍自然垂於身體兩側，右手劍指舒開自然成掌，眼平視前方（圖73）。

圖72

圖73

要點：

身體自然站立，意氣歸元。

第四段提示：

在第四段的八個動作中，前六動步形、步法變化多，較靈活，有叉步、弓步、虛步、撤步擺扣等；劍法也多樣，有繞劍、托劍、掛劍、劈劍、掄劈劍、反撩劍、反刺、平刺、回抽等；動作方位布局多變，最後以旋轉平抹，以擺扣步轉體柔緩輕穩收式。

在動作演練中，要強調身械協調配合，劍法要正確、清楚，方向、位置要準確，做到步到、身隨、劍法準，眼睛看著劍的運行方向，體現了手、眼、身法、步，身體和器械的高度協調性。

32 式太極劍

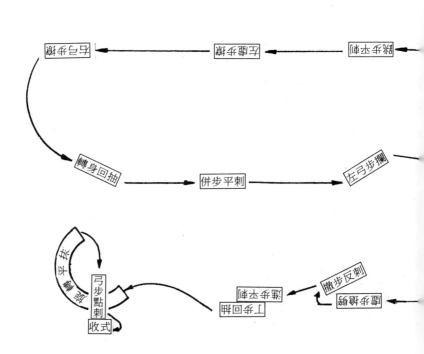

動作路線示意線

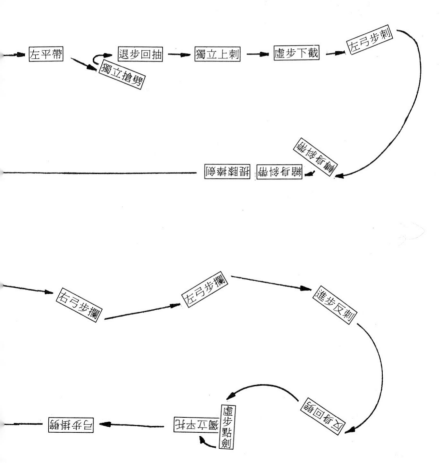

大展出版社有限公司
品冠文化出版社

圖書目錄

地址：台北市北投區(石牌)　　　電話：(02) 28236031
　　　致遠一路二段 12 巷 1 號　　　　　　28236033
郵撥：01669551＜大展＞　　　　傳真：(02) 28272069

・少年偵探・品冠編號 66

1. 怪盜二十面相　　　（精）　江戶川亂步著　特價 189 元
2. 少年偵探團　　　　（精）　江戶川亂步著　特價 189 元
3. 妖怪博士　　　　　（精）　江戶川亂步著　特價 189 元
4. 大金塊　　　　　　（精）　江戶川亂步著　特價 230 元
5. 青銅魔人　　　　　（精）　江戶川亂步著　特價 230 元
6. 地底魔術王　　　　（精）　江戶川亂步著　特價 230 元
7. 透明怪人　　　　　（精）　江戶川亂步著　特價 230 元
8. 怪人四十面相　　　（精）　江戶川亂步著　特價 230 元
9. 宇宙怪人　　　　　（精）　江戶川亂步著　特價 230 元
10. 恐怖的鐵塔王國　　（精）　江戶川亂步著　特價 230 元
11. 灰色巨人　　　　　（精）　江戶川亂步著　特價 230 元
12. 海底魔術師　　　　（精）　江戶川亂步著　特價 230 元
13. 黃金豹　　　　　　（精）　江戶川亂步著　特價 230 元
14. 魔法博士　　　　　（精）　江戶川亂步著　特價 230 元
15. 馬戲怪人　　　　　（精）　江戶川亂步著　特價 230 元
16. 魔人銅鑼　　　　　（精）　江戶川亂步著　特價 230 元
17. 魔法人偶　　　　　（精）　江戶川亂步著　特價 230 元
18. 奇面城的秘密　　　（精）　江戶川亂步著　特價 230 元
19. 夜光人　　　　　　（精）　江戶川亂步著
20. 塔上的魔術師　　　（精）　江戶川亂步著
21. 鐵人Ｑ　　　　　　（精）　江戶川亂步著
22. 假面恐怖王　　　　（精）　江戶川亂步著
23. 電人Ｍ　　　　　　（精）　江戶川亂步著
24. 二十面相的詛咒　　（精）　江戶川亂步著
25. 飛天二十面相　　　（精）　江戶川亂步著
26. 黃金怪獸　　　　　（精）　江戶川亂步著

・生活廣場・品冠編號 61・

1. 366 天誕生星　　　　　　　　李芳黛譯　280 元
2. 366 天誕生花與誕生石　　　　李芳黛譯　280 元

·彩色圖解保健· 品冠編號 64

1.	瘦身	主婦之友社	300 元
2.	腰痛	主婦之友社	300 元
3.	肩膀痠痛	主婦之友社	300 元
4.	腰、膝、腳的疼痛	主婦之友社	300 元
5.	壓力、精神疲勞	主婦之友社	300 元
6.	眼睛疲勞、視力減退	主婦之友社	300 元

·心 想 事 成· 品冠編號 65

1.	魔法愛情點心	結城莫拉著	120 元
2.	可愛手工飾品	結城莫拉著	120 元
3.	可愛打扮 & 髮型	結城莫拉著	120 元
4.	撲克牌算命	結城莫拉著	120 元

·熱 門 新 知· 品冠編號 67

1.	圖解基因與 DNA （精）	中原英臣 主編	230 元

法律專欄連載· 大展編號 58

台大法學院　　　　法律學系／策劃
法律服務社／編著

1.	別讓您的權利睡著了(1)	200 元
2.	別讓您的權利睡著了(2)	200 元

·名 師 出 高 徒· 大展編號 111

1.	武術基本功與基本動作	劉玉萍編著	200 元
2.	長拳入門與精進	吳彬 等著	220 元
3.	劍術刀術入門與精進	楊柏龍等著	220 元
4.	棍術、槍術入門與精進	邱丕相編著	220 元
5.	南拳入門與精進	朱瑞琪編著	220 元
6.	散手入門與精進	張 山等著	220 元
7.	太極拳入門與精進	李德印編著	280 元
8.	太極推手入門與精進	田金龍編著	220 元

·實 用 武 術 技 擊· 大展編號 112

1.	實用自衛拳法	溫佐惠著	250 元
2.	搏擊術精選	陳清山等著	220 元

2. 易學與養生　　　　　　　劉長林等著　300 元
3. 易學與美學　　　　　　　劉綱紀等著　300 元
4. 易學與科技　　　　　　　　董光璧著　280 元
5. 易學與建築　　　　　　　　韓增祿著　280 元
6. 易學源流　　　　　　　　　鄭萬耕著　280 元
7. 易學的思維　　　　　　　傅雲龍等著　250 元
8. 周易與易圖　　　　　　　　李　申著　250 元

・神算大師・ 大展編號 123

1. 劉伯溫神算兵法　　　　　　應　涵編著　280 元
2. 姜太公神算兵法　　　　　　應　涵編著　280 元
3. 鬼谷子神算兵法　　　　　　應　涵編著　280 元
4. 諸葛亮神算兵法　　　　　　應　涵編著　280 元

・秘傳占卜系列・ 大展編號 14

1. 手相術　　　　　　　　　淺野八郎著　180 元
2. 人相術　　　　　　　　　淺野八郎著　180 元
3. 西洋占星術　　　　　　　淺野八郎著　180 元
4. 中國神奇占卜　　　　　　淺野八郎著　150 元
5. 夢判斷　　　　　　　　　淺野八郎著　150 元
6. 前世、來世占卜　　　　　淺野八郎著　150 元
7. 法國式血型學　　　　　　淺野八郎著　150 元
8. 靈感、符咒學　　　　　　淺野八郎著　150 元
9. 紙牌占卜術　　　　　　　淺野八郎著　150 元
10. ESP 超能力占卜　　　　　淺野八郎著　150 元
11. 猶太數的秘術　　　　　　淺野八郎著　150 元
12. 新心理測驗　　　　　　　淺野八郎著　160 元
13. 塔羅牌預言秘法　　　　　淺野八郎著　200 元

・趣味心理講座・ 大展編號 15

1. 性格測驗　探索男與女　　淺野八郎著　140 元
2. 性格測驗　透視人心奧秘　淺野八郎著　140 元
3. 性格測驗　發現陌生的自己　淺野八郎著　140 元
4. 性格測驗　發現你的真面目　淺野八郎著　140 元
5. 性格測驗　讓你們吃驚　　淺野八郎著　140 元
6. 性格測驗　洞穿心理盲點　淺野八郎著　140 元
7. 性格測驗　探索對方心理　淺野八郎著　140 元
8. 性格測驗　由吃認識自己　淺野八郎著　160 元
9. 性格測驗　戀愛知多少　　淺野八郎著　160 元
10. 性格測驗　由裝扮瞭解人心　淺野八郎著　160 元

11. 性格測驗　敲開內心玄機	淺野八郎著	140 元
12. 性格測驗　透視你的未來	淺野八郎著	160 元
13. 血型與你的一生	淺野八郎著	160 元
14. 趣味推理遊戲	淺野八郎著	160 元
15. 行為語言解析	淺野八郎著	160 元

・婦 幼 天 地・ 大展編號 16

1. 八萬人減肥成果	黃靜香譯	180 元
2. 三分鐘減肥體操	楊鴻儒譯	150 元
3. 窈窕淑女美髮秘訣	柯素娥譯	130 元
4. 使妳更迷人	成　玉譯	130 元
5. 女性的更年期	官舒妍編譯	160 元
6. 胎內育兒法	李玉瓊編譯	150 元
7. 早產兒袋鼠式護理	唐岱蘭譯	200 元
8. 初次懷孕與生產	婦幼天地編譯組	180 元
9. 初次育兒 12 個月	婦幼天地編譯組	180 元
10. 斷乳食與幼兒食	婦幼天地編譯組	180 元
11. 培養幼兒能力與性向	婦幼天地編譯組	180 元
12. 培養幼兒創造力的玩具與遊戲	婦幼天地編譯組	180 元
13. 幼兒的症狀與疾病	婦幼天地編譯組	180 元
14. 腿部苗條健美法	婦幼天地編譯組	180 元
15. 女性腰痛別忽視	婦幼天地編譯組	150 元
16. 舒展身心體操術	李玉瓊編譯	130 元
17. 三分鐘臉部體操	趙薇妮著	160 元
18. 生動的笑容表情術	趙薇妮著	160 元
19. 心曠神怡減肥法	川津祐介著	130 元
20. 內衣使妳更美麗	陳玄茹譯	130 元
21. 瑜伽美姿美容	黃靜香編著	180 元
22. 高雅女性裝扮學	陳珮玲譯	180 元
23. 蠶糞肌膚美顏法	梨秀子著	160 元
24. 認識妳的身體	李玉瓊譯	160 元
25. 產後恢復苗條體態	居理安・芙萊喬著	200 元
26. 正確護髮美容法	山崎伊久江著	180 元
27. 安琪拉美姿養生學	安琪拉蘭斯博瑞著	180 元
28. 女體性醫學剖析	增田豐著	220 元
29. 懷孕與生產剖析	岡部綾子著	180 元
30. 斷奶後的健康育兒	東城百合子著	220 元
31. 引出孩子幹勁的責罵藝術	多湖輝著	170 元
32. 培養孩子獨立的藝術	多湖輝著	170 元
33. 子宮肌瘤與卵巢囊腫	陳秀琳編著	180 元
34. 下半身減肥法	納他夏・史達賓著	180 元
35. 女性自然美容法	吳雅菁編著	180 元
36. 再也不發胖	池園悅太郎著	170 元

·青春天地· 大展編號 17

・健康天地・大展編號 18

・實用心理學講座・ 大展編號 21

・超現實心靈講座・ 大展編號 22

・養 生 保 健・ 大展編號 23

・社會人智囊・ 大展編號 24

・精 選 系 列・大展編號 25

・運 動 遊 戲・ 大展編號 26

·休閒娛樂· 大展編號 27

1.	海水魚飼養法	田中智浩著	300 元
2.	金魚飼養法	曾雪玫譯	250 元
3.	熱門海水魚	毛利匡明著	480 元
4.	愛犬的教養與訓練	池田好雄著	250 元
5.	狗教養與疾病	杉浦哲著	220 元
6.	小動物養育技巧	三上昇著	300 元
7.	水草選擇、培育、消遣	安齊裕司著	300 元
8.	四季釣魚法	釣朋會著	200 元
9.	簡易釣魚入門	張果馨譯	200 元
10.	防波堤釣入門	張果馨譯	220 元
11.	透析愛犬習性	沈永嘉譯	200 元
20.	園藝植物管理	船越亮二著	220 元
21.	實用家庭菜園ＤＩＹ	孔翔儀著	200 元
30.	汽車急救ＤＩＹ	陳瑞雄編著	200 元
31.	巴士旅行遊戲	陳羲編著	180 元
32.	測驗你的ＩＱ	蕭京凌編著	180 元
33.	益智數字遊戲	廖玉山編著	180 元
40.	撲克牌遊戲與贏牌秘訣	林振輝編著	180 元
41.	撲克牌魔術、算命、遊戲	林振輝編著	180 元
42.	撲克占卜入門	王家成編著	180 元
50.	兩性幽默	幽默選集編輯組	180 元
51.	異色幽默	幽默選集編輯組	180 元
52.	幽默魔法鏡	玄虛叟編著	180 元
53.	幽默樂透站	玄虛叟編著	180 元
70.	亞洲真實恐怖事件	楊鴻儒譯	200 元

·銀髮族智慧學· 大展編號 28

1.	銀髮六十樂逍遙	多湖輝著	170 元
2.	人生六十反年輕	多湖輝著	170 元
3.	六十歲的決斷	多湖輝著	170 元
4.	銀髮族健身指南	孫瑞台編著	250 元
5.	退休後的夫妻健康生活	施聖茹譯	200 元

·飲食保健· 大展編號 29

1.	自己製作健康茶	大海淳著	220 元
2.	好吃、具藥效茶料理	德永睦子著	220 元
3.	改善慢性病健康藥草茶	吳秋嬌譯	200 元
4.	藥酒與健康果菜汁	成玉編著	250 元
5.	家庭保健養生湯	馬汴梁編著	220 元

6. 降低膽固醇的飲食 　　　　　 早川和志著　200 元
7. 女性癌症的飲食 　　　　　 女子營養大學　280 元
8. 痛風者的飲食 　　　　　 女子營養大學　280 元
9. 貧血者的飲食 　　　　　 女子營養大學　280 元
10. 高脂血症者的飲食 　　　 女子營養大學　280 元
11. 男性癌症的飲食 　　　　 女子營養大學　280 元
12. 過敏者的飲食 　　　　　 女子營養大學　280 元
13. 心臟病的飲食 　　　　　 女子營養大學　280 元
14. 滋陰壯陽的飲食 　　　　　　　 王增著　220 元
15. 胃、十二指腸潰瘍的飲食 　　 勝健一等著　280 元
16. 肥胖者的飲食 　　　　　 雨宮禎子等著　280 元
17. 癌症有效的飲食 　　　　　 河內卓等著　300 元
18. 糖尿病有效的飲食 　　　 山田信博等著　300 元
19. 骨質疏鬆症有效的飲食 　　 板橋明等著　300 元
20. 高血壓有效的飲食 　　　 大內尉義著　300 元
21. 肝病有效的飲食 　　　　 田中武　等著　300 元

・家庭醫學保健・ 大展編號 30

1. 女性醫學大全 　　　　　　 雨森良彥著　380 元
2. 初為人父育兒寶典 　　　　 小瀧周曹著　220 元
3. 性活力強健法 　　　　　　　 相建華著　220 元
4. 30 歲以上的懷孕與生產 　　 李芳黛編著　220 元
5. 舒適的女性更年期 　　　　 野末悅子著　200 元
6. 夫妻前戲的技巧 　　　　　 笠井寬司著　200 元
7. 病理足穴按摩 　　　　　　　 金慧明著　220 元
8. 爸爸的更年期 　　　　　　 河野孝旺著　200 元
9. 橡皮帶健康法 　　　　　　　 山田晶著　180 元
10. 三十三天健美減肥 　　　　 相建華等著　180 元
11. 男性健美入門 　　　　　　 孫玉祿編著　180 元
12. 強化肝臟秘訣 　　　　　 主婦之友社編　200 元
13. 了解藥物副作用 　　　　　　 張果馨譯　200 元
14. 女性醫學小百科 　　　　　 松山榮吉著　200 元
15. 左轉健康法 　　　　　　　 龜田修等著　200 元
16. 實用天然藥物 　　　　　　 鄭炳全編著　260 元
17. 神秘無痛平衡療法 　　　　　 林宗駛著　180 元
18. 膝蓋健康法 　　　　　　　　 張果馨譯　180 元
19. 針灸治百病 　　　　　　　　 葛書翰著　250 元
20. 異位性皮膚炎治癒法 　　　　 吳秋嬌譯　220 元
21. 禿髮白髮預防與治療 　　　 陳炳崑編著　180 元
22. 埃及皇宮菜健康法 　　　　　 飯森薰著　200 元
23. 肝臟病安心治療 　　　　　 上野幸久著　220 元
24. 耳穴治百病 　　　　　　　 陳抗美等著　250 元
25. 高效果指壓法 　　　　　 五十嵐康彥著　200 元

· 雅致系列 · 大展編號 33

1. 健康食譜春冬篇	丸元淑生著	200 元
2. 健康食譜夏秋篇	丸元淑生著	200 元
3. 純正家庭料理	陳建民等著	200 元
4. 家庭四川料理	陳建民著	200 元
5. 醫食同源健康美食	郭長聚著	200 元
6. 家族健康食譜	東畑朝子著	200 元

· 美術系列 · 大展編號 34

1. 可愛插畫集	鉛筆等著	220 元
2. 人物插畫集	鉛筆等著	180 元

· 勞作系列 · 大展編號 35

1. 活動玩具ＤＩＹ	李芳黛譯	230 元
2. 組合玩具ＤＩＹ	李芳黛譯	230 元
3. 花草遊戲ＤＩＹ	張果馨譯	250 元

· 元氣系列 · 大展編號 36

1. 神奇大麥嫩葉「綠效末」	山田耕路著	200 元
2. 高麗菜發酵精的功效	大澤俊彥著	200 元
3. 綠茶治病寶典	桑野和民著	170 元
4. 靈芝治百病	陳瑞東　著	180 元

· 心 靈 雅 集 · 大展編號 00

1. 禪言佛語看人生	松濤弘道著	180 元
2. 禪密教的奧秘	葉逯謙譯	120 元
3. 觀音大法力	田口日勝著	120 元
4. 觀音法力的大功德	田口日勝著	120 元
5. 達摩禪 106 智慧	劉華亭編譯	220 元
6. 有趣的佛教研究	葉逯謙編譯	170 元
7. 夢的開運法	蕭京凌譯	180 元
8. 禪學智慧	柯素娥編譯	130 元
9. 女性佛教入門	許俐萍譯	110 元
10. 佛像小百科	心靈雅集編譯組	130 元
11. 佛教小百科趣談	心靈雅集編譯組	120 元
12. 佛教小百科漫談	心靈雅集編譯組	150 元
13. 佛教知識小百科	心靈雅集編譯組	150 元

・經 營 管 理・大展編號 01

·成功寶庫· 大展編號 02

24

國家圖書館出版品預行編目資料

24 式太極拳 32 式太極劍 / 闞桂香 編著.
－初版－臺北市：大展 ， 民 88
面 ； 21 公分 －（武術特輯；23）
ISBN 957-557-918-6（平裝）
1. 太極拳 2. 劍術

528.972   88013851

行政院新聞局局版臺陸字第 100961 核准
北京人民體育出版社授權中文繁體字版

24 式太極拳 32 式太極劍　ISBN 957-557-918-6

編 著 者 / 闞 桂 香
發 行 人 / 蔡 森 明
出 版 者 / 大展出版社有限公司
社　　 址 / 台北市北投區（石牌）致遠一路 2 段 12 巷 1 號
電　　 話 / （02）28236031・28236033・28233123
傳　　 真 / （02）28272069
郵政劃撥 / 01669551
E－mail / dah_jaan@pchome.com.tw
登 記 證 / 局版臺業字第 2171 號
承 印 者 / 國順文具印刷行
裝　　 訂 / 協億印製廠股份有限公司
排 版 者 / 千兵企業有限公司
初版 1 刷 / 1999 年（民 88 年） 5 月
初版 2 刷 / 2001 年（民 90 年） 1 月
初版 3 刷 / 2003 年（民 92 年） 1 月

定價 / 180 元